LA GAZETTE NOIRE

PAR

UN HOMME QUI N'EST PAS BLANC;

OU

OEUVRES POSTHUMES

DU

GAZETIER CUIRASSÉ.

―― Nous autres Satyriques,
Propres à relever les sottises du tems,
Nous sommes un peu nés pour être mécontens.
BOILEAU.

IMPRIMÉ
à
Cent lieues de la BASTILLE,
à trois cent lieues des PRÉSIDES,
à cinq cent lieues des CORDONS,
à mille lieues de la SIBÉRIE.

M. DCC. LXXXIV.

* *
*

—— Pour vous livrer la guerre
Ma plume me suffit au défaut du tonnerre.
          LE GAZETIER CUIRASSÉ.

* *

*

AVIS.

La suite des œuvres Posthumes de feu notre ami le Gazetier Cuirassé paroîtra ou ne paroîtra pas. Ça dépendra 1º. de l'accueil favorable ou défavorable que fera le public à cette premiere partie : 2º. du bon plaisir de la veuve & des héritiers de feu notre ami.

On croit devoir amicalement prévenir les voleurs, corsaires, pirates & forbans de la Librairie, que, s'ils s'avisent de contrefaire cette premiere partie, suivra *citò* une seconde édition de cette même premiere partie, dans laquelle édition seront intercalées des piéces, ommises à dessein dans cette premiere ; & cette seconde édition sera vendue aux Libraires, un tiers moindre du prix que ne seront vendues les contre-factions.

Ainsi soit tenu *pro certo*.

JAMES WILSON.

Londres 1 Octobre
1 7 8 3.

LA
GAZETTE NOIRE.

* *

*

En France on enferme, en Turquie on étrangle, en Russie on exile dans les déserts; l'un revient à l'autre.

Il n'appartient pas à toutes les nations du monde de dire ce qu'elles pensent. La Bastille, le paradis de *Mahomet*, la Sybérie sont des argumens trop forts pour qu'on puisse leur rien repliquer.

Mais il est un pays sage (*a*) où l'esprit peut profiter des libertés du corps, & ne rien craindre de ses productions; c'est dans ces pays où les grands ne sont que les égaux des moindres

---

(*a*) Ce pays est comme une espece de montagne élevée qui voit la foudre se former à ses pieds, gronder sur la plaine, & retentir dans les vallons, où elle choisit ses victimes. C'est ainsi que le château de Douvres voit ce qui se passe à Calais.

citoyens ; où le Prince est le premier observateur des loix, que l'on peut parler sans crainte de toutes les Puissances de la terre ; que l'on ose peindre hardiment & les fautes & les crimes des Rois, & les bévues & les forfaits de leurs Ministres, & les calamités des peuples, qui en sont la suite ; que l'on brave hautement & le courroux des grands & leur insolent mépris ; que l'on a le courage d'insulter aux trophées sanglans que la perfidie & l'injustice consacrent à la vengeance, à l'ambition & à la tyrannie ; que le sage enfin peut, à son tribunal, juger les extravagances & en rire, en donnant des leçons à l'humanité dont la barbarie d'un pouvoir injuste ne le punira pas.

Montesquieu dit que les Scytres crévoient les yeux à leurs esclaves, afin qu'ils fussent moins distraits en battant leur beurre ; c'est ainsi qu'on en use en France, où avec de très-beaux & de très-bons yeux, il est défendu de voir clair.

On a deux yeux depuis plus de cent ans en Angleterre ; les François commencent à ouvrir un œil ; mais trop souvent il se trouve des hommes en place qui ne veulent pas même permettre qu'on soit borgne.

Ces pauvres gens en place sont comme le

Docteur *Balouard* de la Comédie Italienne, qui ne veut être servi que par le balourd Arlequin, & qui craint d'avoir un valet trop pénétrant.

Faites des Odes à la louange de Monseigneur *Superbus Fadus*, des Madrigaux pour sa maîtresse ; dédiez à son cocher ou à son palfrenier un livre de géographie, vous serez bien reçu : éclairez les hommes, vous serez écrasé. Le beau pays que la France !

Où as-tu été si longtems reclus, pauvre *Linguet* ? Je voudrois bien pouvoir le demander tout bas à l'oreille du Comte de *Vergennes*, ou S. E. Mr. *Le Noir*, Ministre des *menus*.

Dans le puissant Royaume des Lys, il n'est permis de penser & de parler que d'après le Roi, le premier, l'unique être pensant & parlant, *par la grace de Dieu*, & où tout ce qui intéresse la gloire de cet être privilégié, est avidemment saisi, & aveuglement cru.

Dites en France que le Roi ne voit pas clair; que ses Ministres ont la berlue ; osez avancer que le Roi n'a pas le pouvoir héréditaire de faire des miracles à son sacre, de guérir les écrouelles ; soutenez que la Reine n'a pas dansé avec grace à un bal masqué ou paré; osez dire surtout que les Ministres n'ont pas des yeux d'Argus, des génies d'aigle ; parlez mal feulement du chien de Monfieur, du perroquet de Madame, & vous courez rifque d'être oublietté, billonné, étranglé, roué. L'heureufe conftitution.

Un *Jean Jacques* qui n'eft affurément ni *Jean-Baptifte*, ni *Jean l'Evangélifte*, ni *Jacques le Majeur*, ni *Jacques le Mineur*, mais *Jean-Jacques* le Genévois, attribue la force, la fplendeur & la liberté de l'Angleterre à la deftruction des loups dont elle étoit jadis infeftée. — Heureufe nation ! Elle a chaffé des loups mille fois plus dangereux qui dévaftent encore les autres climats.

Terre fortunée ! où un mauvais chiffon de papier, une lettre-de-cachet n'eft pas, comme en un certain beau pays, l'interprête des volontés du Monarque, ou plutôt des volontés, du caprice, de la vengeance d'un defpote, fouvent d'un imbécile Vifir ou de fa vile caillette (*a*), comme le cimeterre, ou le cordon

---

(*a*) On a vu fous le regne du feu Roi, Louis XV, de glorieufe mémoire, une coquine du nom de *Sabbatin*, dont le mari avoit été favetier à Marfeille, devenue maîtreffe de l'infâme Duc de la *Villiere*, tenir bureau ouvert de Lettre-de-Cachet. Cette gueufe avoit pour amant en fecond un certain Chevalier d'*Arc*, le plus grand corfaire de France

est à Constantinople l'interprète de l'Alcoran ou d'un Eunuque noir du Sérail,

Terre au dessus de toutes les terres, où l'homme ose user du droit inséparable de son être, celui de penser & de parler de la maniere qui lui plaît le plus ; où il ose ouvrir son cœur, délier sa langue, jaser, écrire d'après sa conscience ! Terre où la tyrannie est détestée, flétrie, combattue ; où le despotisme n'ose faire taire les loix pour les uns, & s'en servir pour égorger les autres ; terre enfin où les peuples foibles, tremblans, avilis comme ailleurs, ne sont pas gouvernés par un barometre.

En France, un citoyen peut-il dire : „ je „ suis maître de ma personne : je puis disposer

---

pour la traite des innocens. Ce d'*Arc* étoit Directeur en chef des bureaux du Duc & de son infame maîtresse dont rien ne pouvoit rassasier l'ambition & l'avarice. D'*Arc* est bâtard d'un valet de pied de la maison de Penthiévre. Il tenoit chez lui, durant le regne de l'infame *Sabbatin*, une liste des personnes qui sollicitoient des lettres-de-cachet, & qui avoient déja consigné l'argent pour les obtenir. Il est auteur de quelques ouvrages que les gens méchans lui reprochent de n'avoir jamais lû. La mere *de la Sabbatin* étoit en son vivant, blanchisseuse des honnêtes gens qui sont à la chaîne à Marseille. C'est la belle-mere du noble Marquis de *Chambonas* d'aujourd'hui.

„ de mon champ; nulle force ne peut me ra-
„ vir le fruit de 'mon induſtrie : nulle puiſ-
„ ſance ne peut me priver des bienfaits que
„ la nature a mis en commun pour mes en-
„ fans " ? — Eh ! bon Dieu, non !

Une belle nuit, un beau matin, un noir vilain Vulcain enfonce votre porte, & on vous enleve comme un *Corps Saint* ſur votre grabat. On ne craint point de donner le coup de la mort à votre femme qui eſt en couches ou prête d'accoucher; d'allarmer vos enfans qui ignorent s'ils auront le lendemain du pain pour déjeuner;... — Et on vous traîne, Seigneur! faut-il le dire ? le plus ſouvent dans un Bicêtre, & ce Bicêtre eſt une image de l'Enfer.

Avez-vous un morceau de terre, un pré, une vigne qui ſoit à la bienſéance d'un voiſin qui a plus de métal ou de crédit que vous ? Ne voulez-vous pas le lui céder de bonne grace ? on vous l'enleve de force. Allez-vous plaindre ? Vous ferez bien venu !

Avez-vous une tendre enfant, non encore dans l'âge de puberté ? A-t-elle donné dans les yeux de quelque Sardanapale ſubalterne ? On vous la ravit à vos yeux ; on vous la déflore; on vous la proſtitue. Voulez-vous dire un mot ? On vous menace du bâton.

Avez-vous une jolie femme ? Eſt-elle du goût de quelque nouveau parvenu, de quelque petit fat en puiſſance, de quelque *talon rouge*, par exemple ? On vous la ſéqueſtre proprement. Voulez-vous raiſonner ? On vous envoye aux galères, ou à la maiſon des fous, à Charenton. Le beau pays que celui-là.

O Angleterre ! terre incomparable à toutes les terres ; terre où il n'y a ni Cordons, ni Sybérie, ni Préſides, ni Baſtille, ni vexation, ni Inquiſition; terre fortunée que j'habite, je te bénis, je t'adore ! En ton ſein j'exhalerai mon dernier ſoupir ! En ton ſein je dépoſerai ma cendre !

Les Cordons ſe filent le plus joliment du monde à Conſtantinople, &, comme on ſait, les muets n'y manquent pas. C'eſt tout comme chez nous.

Les cachets ſe diſtilent aſſez leſtement à Verſailles, & les exécuteurs de la *Souterraine juſtice* ne ſont pas en petit volume à Paris, par toute la France, & même chez l'étranger (*a*).

———

(*a*) On ne compte pas moins de 700 Mouchards, ſalariés de la France, aux Pays-Bas. On ne peut concevoir comment l'*Auguſte Céſar*, le *Grand Joſeph* peut ſouffrir que ces excrémens de l'eſpece humaine infectent ſon pays,

En Sybérie, on est enseveli vivant dans les entrailles de la terre. Il n'y a qu'un seul exemple d'un seul homme en deux siecles, échappé de ce délectable séjour ; encore,

---

& soyent le perpétuel épouvantail du Citoyen paisible dans ses foyers. —— N'a gueres plus de 6 mois, les deux freres *Villebon* ont été enlevés à Bruxelles, & traduits à Paris... L'Inquisition Ministerielle de France a-t-elle donc le privilége de s'étendre jusque chez vous ? Le lui avez-vous gracieusement concédé ? On vous le demande, *Auguste César.*! D'après le trop sinistre exemple des freres *Villebon*, qui dorénavant, auroit envie d'aller porter ses penates aux Pays-Bas, y regardera à deux fois. Vous aurez raison, mon ami. Là où la sûreté & la propriété ne sont pas respectées, point de patrie, point de félicité. Quoi ? je supporterai les charges d'un Gouvernement, & je ne pourrai y vivre en paix & en sécurité au milieu de ma famille ? Une Puissance étrangere pourra venir impunément m'y étrangler ? On me ravira à ma femme, à mes enfans ? L'injustice les privera du fruit de mon travail & de mon industrie ? Ils se verront livrés par le despotisme à toutes les horreurs de l'indigence ? —— Ah ! Maudit soit un tel pays ! —— Quittons-le sans balancer, & secouons-en la poussiere de nos souliers comme faisoient les Apôtres & les Prophêtes.

Nous pensons que ce seroit faire injure à la MAJESTÉ IMPÉRIALE & ROYALE-APOSTOLIQUE, que de croire qu'elle ait consenti à l'enlevement des freres *Villebon*. Des agents subalternes de la police de France, y ont donné les mains : voilà qui est plus probable.

étoit-ce un homme volant ! Encore un charmant pays !

A la Baſtille, c'eſt toute autre choſe. Bon Logis. Vous y êtes paſſablement traité pour une *piſtole* par jour, quand ça ne dure pas longtems, & que l'on paye de votre bourſe, ou de celle de vos pere, mere, oncles, tantes, couſins, couſines. Mais, quand vous y êtes hébergé par la *police*, ou, ce qui revient au même, par les poliſſons, Miniſtres ou agents de la police, alors gargote, pitoyable gargote ! Une bouteille de mauvais vin que le Roi reſte ſix mois à payer, du *ré-fricaſſé* & du *re-fricaſſeras-tu*, voilà, pauvre Baſtillien, ta vie. —— Sauve-toi ſi tu peux ! Oui-dà, camarade ! Une triple porte d'airain t'enferme. Je te plains de tout mon, cœur malheureux ! Tu peux reſter cinquante dans ta carriere ; car la Bastille eſt une vraïe carriere (de pierres) en tout ſens.

On eſt ſouffré & brûlé en un jour à l'Inquiſition : c'eſt plutôt fait. Si on eſt repentant, on va en paradis *tout droit* ; c'eſt bien plus conſolant.

Aux Préſides, on en eſt quitte pour aller jetter quelques fuſées ſur les cornes des bœufs des Maures, lorſque ces Meſſieurs viennent à leurs portes faire leur carnaval, une fois en un an. Le reste du tems on y vit comme des Chanoines de la *Ste. Chapelle*, le teint vermeil & brillant de santé, surtout lorsqu'il n'y a point de siege de Gibraltar ou de Mahon pour les *enfans perdus*.

Apprenez-moi, de grace, Docteur, quelles sont les limites de la prérogative des Rois & de la liberté des peuples ?

Je vous conseille, l'ami, d'aller examiner cette question dans l'Hôtel-de-Ville d'Amsterdam à tête reposée.

Ce mot *roi* donna-t-il jamais chez les Grecs l'idée du pouvoir absolu.

Saisit ce pouvoir qui put, petit fils ; mais ce n'est que malgré soi qu'on le laissa prendre.

Il est clair que chez les Romains, les rois ne furent point despotiques, comme l'est, de nos jours, *Louis* à Paris, *Charles* à Madrid, *Fréderic* à Berlin, *Catherine* à Petersbourg, *Mustapha* à Stamboul.

Le dernier *Tarquin* mérita d'être chassé & le fut. Nous n'avons aucune preuve que les petits chefs de l'Italie ayent jamais pu faire, à leur gré, présent d'un lacet au premier homme de l'Etat, comme fait aujourd'hui un Turc imbécile dans son sérail, & comme des vils esclaves, barbares, mais encore plus sots, le souffrent sans murmurer.

Nous ne voyons pas un roi au-delà des Alpes & vers le Nord, dans les tems où nous commençons à connoître cette vaste partie du monde. Les Cimbres qui marcherent vers l'Italie, & qui furent exterminés par *Marius*, étoient des loups affamés qui fortoient de leurs forêts avec leurs louves & leurs louveteaux.

Mais de *majesté*, de tête couronnée chez ces animaux, d'ordres intimés de la part d'un Secrétaire d'Etat, d'un grand-boutillier, d'un grand-échanson, d'un logotète, d'impôts, de taxes arbitraires, de commis aux portes, d'Edits bursaux, on n'en avoit pas plus de notion que des Vêpres, de la Messe, du Salut & de l'Opéra.

Il faut que l'or & l'argent monnoyé, & même non-monnoyé, soit une recette infaillible pour mettre celui qui n'en a pas dans la dépendance absolue de celui qui a trouvé le secret d'en amasser.

C'est avec cela seul que le premier puissant roi eut des postillons & des grands-Officiers de la Couronne, des gardes, des cuisiniers, des femmes, des maîtresses, des géoliers, des aumoniers, des pages & des soldats.

Il seroit fort difficile à un roi de France, à un roi de Prusse, à un Padicha Turc, de se faire obéir ponctuellement, s'ils n'avoient à donner que des moutons & des culottes.

Aussi, il est très-vraisemblable qu'après toutes les révolutions qu'éprouva notre globe, ce fut l'art de fondre les métaux qui fit les rois, comme ce font aujourd'hui la poudre, les canons, les bayonnettes & les fusils qui les maintiennent.

Sir *Jules-César*, Chevalier-baronet de plusieurs provinces, bourgs, villes & villages, avoit bien raison de dire, qu'*avec de l'or on a des hommes, & qu'avec des hommes on a de l'or*. Voilà tout le secret.

Ce secret avoit été connu dès long-tems en Asie & en Egypte. La découverte en est antérieure de plus de dix siecles à celle de la *Lanterne-magique* chez les Savoyards. Les Princes, & les Prêtres qui ne s'oublient jamais, partagerent autant qu'ils le purent.

Le Prince disoit au Prêtre : " tien, voilà
„ de l'or ; mais il faut que tu affermisses mon
„ pouvoir, & que tu prophétises en ma fa-
„ veur ; je serai *oint*, tu seras *oint*. Rends des
„ oracles, fais des miracles, tu seras bien payé,
„ pourvu que je sois toujours le maître. "

Le Prêtre se faisoit donner terres & monnoye, & il prophétisoit pour lui-même, faifoit des miracles pour lui-même, rendoit des oracles pour lui-même, chaffoit le Souverain très-fouvent, & fe mettoit à fa place.

Ainfi les *Choen* ou *Chorim* d'Egypte, les *Mag* de Perfe, les *Caldéens* devers Babylone, les *Chazin* du Mogol (fi je me trompe de nom, il n'importe gueres, mon cher Lecteur,) tous ces gens-là vouloient dominer.

Il y eut des guerres fréquentes entre le trône & l'autel en tout pays, jufques chez la miférable nation *Juive* que j'aime beaucoup, à raifon qu'elle n'a pas quitté, qu'elle ne quitte pas, & ne quittera fûrement pas, d'ici à l'avenue de l'*Ante-Chrift*, la Loi de fes peres & grands-peres, *Abraham*, *Ifaac*, *Jacob*.

Je vous dis, mon cher ami, que j'aime ces malheureux *Juifs*, parce qu'ils ouvrent porte & fenêtre, cave & grenier, quand il TONNE, dans la ferme, mais pas trop fondée confiance que le tonnerre leur apportera le MESSIE PROMIS, déja venu, je crois ; & qui, je crois encore, ne reviendra plus.

Mais je hais un petit peu cette infortunée race de nos anciens Patriarches & de nos anciens Prophêtes, parce que, je ne vous le cache pas, elle eft un peu *canaille*, un peu *friponne*, & qu'elle n'a pas plus de bonne foi qu'il n'en faut dans le commerce du monde.

Nous le favons bien depuis douze cent ans, nous autres habitans *polis* de la zone tempérée de la *sage* Europe. Nos Efprits ne tiennent pas trop de cette température ; nous favons ce qu'il nous en a coûté autrefois, & à ce qu'il nous en coûte encore au moment que je parle.

Et l'or & l'argent font tellement le mobile de tout, que plufieurs de nos Rois d'Europe, trop peu fages, ou plutôt dit, trop fous, envoyent encore aujourd'hui de l'or & de l'argent à Rome, où des Prêtres le partagent dès qu'il eft arrivé.

Lorfque dans cet éternel conflict de Jurifdiction, les chefs des nations ont été puiffans, chacun d'eux a manifefté fa prééminence à fa mode.

C'étoit un crime, jadis, dit-on, de cracher en préfence du Roi des Mèdes.

Il faut frapper la terre de fon front, neuf fois, devant l'Empereur de la Chine.

Un Roi d'Angleterre imagina de ne jamais boire un verre de *Punch*, fi on ne lui préfentoit à genoux.

Un autre fe faifoit baifer fon pied droit : un autre fon pied gauche.

Les cérémonies différent ; mais tous, en tout tems, ont voulu avoir l'argent des peuples.

Il y a des pays où l'on fait au *Krall*, au *Chazan* une pension comme en Pologne, en Suede, dans la Grande-Bretagne. Ailleurs un morceau de papier signé ou *Louis*, ou *Joseph*, ou *George* ou *Guillaume*, suffit pour que le Bogdan ait tout l'argent qu'il desire.

Et puis, Docteurs en *soupe salée* ou pas *salée*, écrivez sur le droit des gens, sur la théorie de l'impôt, sur le tarif, sur le *fœderum mansionaticum viaricum* ; faites de beaux calculs sur la taille proportionnelle, sur la Lotterie, si vous voulez encore ; prouvez par des profonds raisonnemens cette maxime si neuve, *que le berger doit tondre ses moutons, & non pas les écorcher*, ainsi qu'il se pratique en plusieurs beaux pays de la terre.

Je lis avec un charme infini dans l'histoire de Perse, " que le petit-fils du grand & très-
,, grand *Sha-Abas*, qui remporta quatre belles
,, victoires contre les Turcs, & qui fit ensui-
,, te une assez jolie guerre aux Mogols ; que
,, ce petit-fils, dis-je, fut bercé pendant sept
,, ans par des femmes, qu'ensuite il fut bercé
,, pendant huit ans par des hommes ; qu'on
,, l'ac-

„ l'accoutuma de bonne heure à *s'adorer* lui-
„ même, à se croire formé d'un autre limon
„ que ses sujets, à regarder ses peuples com-
„ mes des bêtes de somme, comme des trou-
„ peaux de bœufs ou de cochons.

„ Que tout ce qui l'environnoit avoit or-
„ dre de lui épargner le penible soin *d'agir*
„ de *penser*, de *vouloir*, & de le rendre inha-
„ bile à toutes les fonctions animales & non
„ animales, à toutes les fonctions du corps &
„ de l'ame.

„ Qu'en conséquence, un *Saint* homme de
„ Prêtre (car il n'y a rien de plus *Saint* qu'un
„ Prêtre) le dispensoit de la fatigue de prier
„ de sa bouche le grand-Etre.

„ Que certains Officiers de la Cour étoient
„ préposés pour lui mâcher noblement, com-
„ me dit *Rabelais*, le peu de paroles qu'il avoit
„ à prononcer.

„ Que d'autres Seigneurs lui tâtoient le pouls,
„ trois ou quatre fois le jour, comme à un
„ agonisant.

„ Qu'à son lever, qu'à son coucher, tren-
„ te Ducs & Pairs, Marquis, Comtes ou Ba-
„ rons de Perse accouroient, l'un pour lui dé-
„ nouer l'éguillette, l'autre pour le déconsti-
„ per, celui-ci pour l'accoutrer d'une chemi-

„ fe, celui-là pour l'armer d'un cimeterre, „ chacun pour s'emparer du membre dont il „ avoit la furintendance. "

J'ignore, mon cher Lecteur, fi quantes & quantes fois le joli petit-fils du grand *Sha-Abas* avoit envie d'aller à la *felle* ou à la *fecrette*, on alloit *chier* pour fon compte, foit un premier Gentil-homme de la chambre, qui, en France, a toujours l'ordre du *St. Efprit*, ou fes quatre quartiers de *pere*, & *fouvent*, non de *mere*, pour y prétendre; ou un Seigneur *Menin* du Dauphin, favori de la fortune & non de Venus, qui, de fa vie, n'aura pas le *Cordon-bleu*, pas même le *Cordon-rouge* ; — ou un Chambellan d'Empire qui a, ou qui n'a pas la *Toifon d'or*; — ou un Major-Dôme d'Efpagne, GRAND en toutes fes claffes, chevalier de l'ordre d'*Alcantara*, de *St. Jacques de Compoftelle*, de *Charles* III.; — ou un Don des Royaumes de Portugal & des Algarves, chevalier du *Chrift*; — ou un Monfignor du pays *Latin*, chevalier de l'*épéron-d'or* du Pape; — ou un Boyard de Mofcow, Prince à trieze à la douzaine, ou à vingt-fix au quarteron, chevalier de *St. Alexandre-Newski*, de *St. Walodimir*, de *Ste. Anne*, de *Ste. Catherine*, de *Ste. Urfule* & de fes chaftes compagnes, les *onze mille Vierges* ; — ou un chevalier de l'*Annonciade* de Savoye, de l'*Eléphant* de Dannemarck, *du Lion* de Caſſel, des *Séraphins* de Suéde, de l'*Aigle-noir* de Pruſſe, de l'*Aigle-rouge* de Saxe, de l'*Aigle-blanc* de Pologne ; — ou, enfin, un Mylord du *Bain*, du *Chardon* ou de la *Jarrettiere* d'Angleterre : N'importe à l'affaire.

Mais ces particularités me plaiſent, parcequ'elles me donnent une idée nette du caractere des Princes Perſans, & que, d'ailleurs, elles me font aſſez entrevoir celui du charmant petit-fils de *Sha-Abas*, de cet Empereur automate, auquel reſſemblent d'aſſez près pluſieurs de nos Empereurs & Rois, aujourd'hui *glorieuſement* regnant.

Génies de travers, eſprits boſſus, tortus, crochus, n'allez pas bride-abbatue, crier au blaſphême, & dire, d'après votre louable coutume, que je confonds tout le monde !

Je ſais, auſſi bien que vous, que Louis XVI ne reſſemble pas au louable petit fils de *Sha-Abas*.

Louis XVI ne manque jamais de tenir ſon Conſeil.

Pluſieurs des Confreres de *Louis* XVI ne

ressemblent pas plus que lui au charmant petit-fils de *Sha-Abas*.

Joseph, par exemple, court d'un bout de l'Europe à l'autre pour s'instruire, & instruire ses peuples ; il a déclaré une petite guerre au *Muphti* de Rome : je lui en fais mon compliment, & desire de tout mon cœur qu'il continue à pousser sa pointe.

Frédéric, à Berlin, fait des vers, de la musique, des codes : c'est très-bon & très-joli. J'ai pour sa personne une estime profonde : c'est bien un autre petit-fils que celui de *Sha-Abas*.

De mon autorité privée, j'ordonne d'AUJOURD'HUI que *Frédéric* soit placé à la tête de toutes les têtes du *temple* des ROIS de *mémoire*.

Catherine à Petersbourg, *Catherine*, *Autocratrice* de douze cent lieues quarrées, a écrit, de sa main, à la tête de ses loix, en présence des Députés de trente nations & de trente religion : *La faute la plus nuisible seroit l'intolérance.*

Cette femme, *Catherine*, ne ressemble pas plus que l'homme *Frédéric*, au petit garçon de *Sha-Abas*.

De mon bon plaisir, ENTENDS, VEUX & PRÉTENDS que la tête de cette femme, *Catherine*, marche après la tête de cet homme, *Fréderic*, à la tête de toutes les têtes du temple des Rois de mémoire, de nos jours, bien entendu.

Fréderic - Augufte, Electeur de Saxe, a fon plaifir avec fes pigeons *patus* ; — Don *Ferdinand*, Roi des deux Siciles, avec fes Cadets de Marine.

Chriftian VII, Roi de Danemarck & de Norwége, s'amufe à faire troter fes chiens *lévriers*.

Charles, Roi de toutes les Efpagnes, (& pas encore de toutes les Indes) prend fon plaifir à la chaffe; affifte journellement au combat des taureaux ; attend avec une patience d'Ange la reddition de Gibraltar.

George III, Roi d'Angleterre, fait des enfans tous les ans; mene comme il peut fa fabrique de boutons.

A chacun fon métier. On ne peut difputer des goûts ni des couleurs.

※ ※

※

Il faut que le plaifir de gouverner foit bien grand, puifqu'il y a tant des gens qui s'en mêlent.

Nous avons beaucoup plus de livres fur le gouvernement, qu'il n'y a des Princes & des Seigneurs fur la terre.

Que Dieu me préferve, mes amis, d'enfeigner ici meffieurs les Rois, & meffieurs leurs Miniftres, & meffieurs leurs valets de chambre, & meffieurs leurs Confeffeurs, & meffieurs leurs Fermiers-Généraux, & auffi mesdames ou mes demoifelles leurs maîtreffes!

Je n'y entends rien, je les révére tous & toutes.

Il n'appartient qu'à Mr. *John Wilkes* de pefer dans fa balance Angloife, à la taverne, ceux qui font à la tête du genre humain.

De plus, mon cher Lecteur, il feroit bien étrange qu'avec cinquante ou foixante mille volumes fur le Gouvernement, avec *Machiavel & la Politique de l'Ecriture Sainte* de Boffuet à Monfeigneur le Dauphin, grand-pere de *Louis* XV, & deux fois grand-pere de

Louis XVI, avec le *citoyen financier*, le *Guidon de Finances*, le *moyen d'enrichir un Etat*, &c. &c. il y eut encore quelqu'un qui ne sçut pas parfaitement tous les devoirs des Rois, & l'art de gouverner les hommes.

Le Profeſſeur *Puffendorff*, ou le Baron *Puffendorff*, tout comme vous voudrez, dit (*a*) que le Roi *David*, ce ſaint homme, ayant juré de ne jamais attenter à la vie de *Semeï*, ſon Conſeiller privé, ne trahit point ſon ſerment quand il ordonna (ſelon l'hiſtoire Juive) à ſon fils *Salomon* de faire aſſaſſiner *Semeï*, parce que *David* ne s'étoit engagé que pour lui ſeul à ne pas tuer *Semeï*.

Monſieur le Baron, qui réprouve ſi hautement les reſtrictions mentales des Révérends Peres Jéſuites, en permet une ici à l'oint *David*, qui n'eſt pas fort de mon goût, & qui le ſera encore moins de celui de Meſſeigneurs les Conſeillers d'Etat de Verſailles.

Salus populi ſuprema lex eſto !
Que le ſalut du peuple ſoit la loi ſuprême !

Telle eſt la belle maxime & la maxime fondamentale des nations. Mais, de nos malheu-

---

(*a*) Liv. IV. Chap. XI. art. XIII.

reux jours, on fait confifter le falut du peuple à égorgor une partie des citoyens dans toutes les guerres civiles.

Le falut d'un peuple dans ce terrible dix-huitieme fiécle où nous vivons (je crois) eft de tuer, fans pitié, fes voifins, & de s'emparer de leurs biens fans miféricorde, dans toutes les guerres étrangeres.

Monfieur le Baron *Puffendorff*, il eft encore difficile de trouver là un droit des gens bien falutaire, & un gouvernement bien favorable à l'art de penfer de l'Académie-Françoife, & à la douceur de la fociété Allemande.

Vous conviendrez fans peine, avec moi mon cher Monfieur le Baron, qu'il y a des figures de géométrie très-régulieres & très-parfaites en leur genre; l'arithmétique eft parfaite; beaucoup de métiers font exercés d'une maniere toujours uniforme & toujours bonne; mais pour le gouvernement des hommes, peut-il jamais en être un bon, quand tous font fondés fur des paffions qui fe combattent ?

Il n'y a jamais eu Couvens de Moines ni de Moineffes fans difcorde; il eft donc impoffible qu'elle ne foit dans les Royaumes.

Chaque Gouvernement eft non-feulement comme les Couvens de Capucins ou Capucines, des Bénédictins ou Bénédictines, mais comme les ménages : il n'y en a point fans querelles; & les querelles de peuple à peuple, de Prince à Prince, ont toujours été fanglantes : celles des fujets avec leurs Souverains n'ont pas quelquefois été moins funeftes : comment faut-il faire, mon cher Lecteur ? ou rifquer, ou fe cacher.

Plus d'un peuple fouhaite une conftitution nouvelle.

Les Anglois voudroient changer de Miniftres tous les huit jours, les Romains de Pape toutes les femaines; mais ils ne voudroient pas changer la forme de leur gouvernement.

Les galfats, defcendans ou pas defcendans des Ediles de l'antique Rome, font tous fiers de leur Eglife *St. Pierre*, & de leur anciennes ftatues Grecques; mais le peuple voudroit être mieux nourri, mieux vêtu, dût-il être moins riche en bénédictions, en indulgences, en *Agnus Dei*. Les peres de famille fouhaiteroient que les gens à calotte rouge, noire ou blanche, euffent moins d'or & de maîtreffes, & qu'il y eût plus de bled dans leurs greniers : ils regrettent le tems où les Apôtres alloient à pied, & où les citoyens Romains voyageoient de palais en palais en litiere.

Chacun vante fa paroiffe. On ne ceffe de

prôner les belles Républiques de la Grece : il est sûr que les Grecs aimeroient mieux le gouvernement des *Périclès* & des *Démosthenes*, que celui d'un Bacha de Stamboul.

Quel gouvernement cependant que celui où le juste *Aristide* étoit banni, *Phocion* mis à mort, *Socrate* condamné à la cigue, après avoir été berné par *Aristophane* ; où l'on voit les *Amphictions* livrer imbécillement la Grece à *Philippe*, parce que les Phocéens avoient labouré un petit coin de terre qui étoit du domaine d'*Apollon* ! mais le gouvernement des monarchies voisines étoit pire.

Feu *Puffendorff* avoit promis avant de mourir, d'examiner quelle est la meilleure forme du gouvernement de ce malheureux bas-monde : il vous dit très-bien, (a) *que plusieurs prononcent en faveur de la Monarchie, & d'autres au contraire se déchaînent furieusement contre la sérénité & la majesté souvent pas trop sacrées de la personne des Rois, & qu'il est hors de son sujet d'examiner en détail les raisons de ces derniers.*

Si quelque Lecteur malin attend ici qu'on lui en dise plus que Monsieur le Docteur, il se trompera beaucoup.

Un montagnard de la Suisse, un *Myn Heer*

_____

(a) Liv. VII. Chap. V.

de Hollande, un noble de *Venife*, un bourgeois de Raguſe, un faiſeur de tourne-broches de Geneve, un Pair d'Angleterre, un Marquis de France, un gavâche du pays de Porto & de Caſtille, un payſan de Suéde, un ſerf de Dannemark, un boyard de Moſcovie, un Savoyard du Piémont, un Curé de *St. Jean* de Latran & un Baron d'Allemagne diſputoient, un jour, en voyage ſur la préférence de leurs gouvernemens.

Perſonne ne s'entendit : chacun demeura dans ſon opinion ſans en avoir une bien certaine : & ils s'en retournerent chez eux ſans avoir rien conclu ; chacun louant ſa patrie par vanité, & s'en plaignant par ſentiment.

Quel eſt donc, bon Dieu ! la deſtinée du pauvre genre humain ? Preſque nul peuple n'eſt gouverné par lui-même.

Partez en poſte, ami Lecteur, de l'orient pour l'occident : faites le tour du monde, ſi ça vous amuſe ; vous verrez que le Japon a fermé ſes ports aux étrangers dans la juſte crainte d'une révolution affreuſe.

La Chine a ſubi cette révolution ; elle obéit à des Tartares, moitié Mantchoux, moitié Huns.

L'Inde a des Tartares Mogols.

L'Euphrate, le Nil, l'Oronte, la Grece, l'Egypte sont encore sous le joug des Turcs.

Ce n'est point une race Angloise qui regne en Angleterre. C'est une famille Allemande qui a succédé à un Prince Hollandois; & celui-ci à une famille Ecossaise, laquelle avoit succédé à une famille Angevine, qui avoit remplacé une famille Normande; qui avoit chassé une famille Saxone & usurpatrice.

Une Princesse Teutonne régit toutes les Russies: le sang de Charles XII ne donne plus de loix à la Suéde.

L'Espagne obéit à une famille Welche, qui succéda à une race Autrichienne, cette race Autrichienne a des familles qui se vantoient d'être Visigothes; ces Visigoths avoient été chassés longtems par des Arabes, après avoir succédé aux Romains, qui avoient chassé les Carthaginois.

La Gaule obéit à des Francs, après avoir obéi à des Préfets Romains.

Les mêmes bords du Danube ont appartenu aux Germains, aux Romains, aux Abares, aux Slaves, aux Bulgares, aux Huns, à vingt familles différentes, & presque toutes étrangeres.

Et qu'a t-on vu de plus étranger à Rome

que tant d'Empereurs nés dans des Provinces barbares, & tant des Papes nés dans des Provinces non moins barbares?

Gouverne qui peut, & quand on eſt parvenu à être le maître, on gouverne auſſi, ſouvent comme on peut, mais pas toujours comme on veut. Mes amis, ce n'eſt pas ma faute.

Me promenant, l'autre jour, avec le plus grand de mes freres dans un petit bois, le bon garçon me raconta ce qui suit. Prêtez attention, s'il vous plait.

" J'ai vu dans mes courses qui ont été assez longues, comme vous savez, frere *Eustache*; j'ai vu un pays assez grand & assez peuplé, dans lequel toutes les places s'achetent, non pas en secret & pour frauder la loi comme ailleurs, mais publiquement & pour obéir à la loi.

" On y met à l'encan le droit de juger souverainement de l'honneur, de la fortune & de la vie des citoyens, comme on vend quelques arpens de terre, de pré ou de vigne.

" Il y a des commissions très-importantes dans les armées qu'on ne donne qu'au plus offrant & dernier enchérisseur.

" Le principal mystere de leur religion se célebre pour cinq soûs-marqués; & si le célébrant ne trouve point ce salaire, il reste oisif comme un *gagne-petit* sans pratique, ou un gagne-denier sans emploi.

" Les fortunes dans ce charmant pays ne font point le prix de l'agriculture; elles font le réfultat d'un jeu de hazard que plufieurs jouent en fignant leurs noms, & en faifant paffer ces noms de main en main.

" S'ils gagnent, ils parviennent à entrer de part dans l'adminiftration publique; ils marient leurs filles à des Mandarins, & leurs fils deviennent auffi efpeces de Mandarins.

" S'ils perdent, ils rentrent dans la boue dont ils font fortis, ils difparoiffent.

" Une partie confidérable des citoyens a toute fa fubftance affignée fur une maifon qui n'a rien; & trois cent perfonnes ont acheté chacune cent mille écus le droit de recevoir & de payer l'argent dû à ces citoyens fur cet hôtel imaginaire; droit dont ils n'ufent jamais, ignorant profondément ce qui eft cenfé paffer par leurs mains.

" Quelquefois, on entend crier par les rues une propofition à quiconque a un peu d'or dans fa caffette, de s'en déffaifir pour acquérir un quarré de papier admirable, qui vous fera paffer, fans aucun foin, une vie douce & agréable, à la Cour, à la Ville, à la Campagne, la où vous voudrez : vous irez fans fouci à la Comédie, à l'Opéra, là où il vous plaira;

vous pourrez coucher tranquille encore avec une jolie fille, si l'envie vous en prend : vous n'aurez à craindre ni pluye, ni grêle, ni froid, ni chaud, ni faim, ni soif ; rien n'est plus commode.

« Le lendemain, on vous crie à tue-tête un ordre *de par le Roi*, qui vous force à changer ce papier contre un autre qui sera bien meilleur.

« Le surlendemain, on vous étourdit d'un nouveau papier qui annulle les deux premiers. Vous êtes ruiné, frere *Eustache*; mais de bonnes têtes vous consolent, en vous assurant, sans le savoir, que, dans quinze jours, les colporteurs de la ville vous crieront une proposition plus engageante.

« Vous voyagez dans une province de ce délectable Empire, & vous y achetez des choses nécessaires au vêtir, au manger, au boire, au coucher.

« Passez-vous dans une autre province, on vous fait payer des droits pour toutes ces denrées, comme si vous veniez d'Afrique ou d'Amérique. Vous en demandez la raison, on ne vous répond point; ou si l'on daigne vous parler, on vous répond que vous venez d'une province *réputée étrangere*, & que par conséquent

quent il faut payer pour la commodité du commerce.

„ Vous cherchez envain à comprendre comment des provinces d'un royaume font étrangères au royaume.

„ Il y a quelque tems qu'en changeant de bidet, & me fentant affoibli de fatigue, je demandai un verre de vin au maître de la pofte : je ne faurois vous le donner, me dit-il: les Commis à *la foif*, qui font en nombreux corps d'armée, & tous fort fobres, me feroient payer le *trop bu*; ce qui me ruineroit.

„ Ce n'eft point trop boire, lui dis-je, que de fe fubftanter d'un verre de vin ; & qu'importe, Monfieur le maître de Pofte, que ce foit vous ou moi qui ait avalé ce verre?

„ Monfieur, repliqua-t-il, nos loix fur *la foif* font bien plus belles que vous ne penfez.

„ Dès que nous avons fait la vendange, les *Locataires* du royaume nous députent des médecins qui viennent tâter le pouls à nos caves.

„ Ils mettent à part autant de vin qu'ils jugent à propos de nous en laiffer boire pour notre fanté.

„ Ils reviennent au bout de l'année ; & s'ils jugent que nous avons excédé d'une bouteille leur ordonnance, ils nous condamnent à une forte amende; & pour peu que nous soyions récalcitrans & rétifs, on nous envoye aux galeres, ou si vous entendez mieux, on nous mene à Marseille ou à Toulon boire de l'eau de la mer.

,, Si je vous donnois le verre de vin que vous me demandez, on ne manqueroit pas de m'accuser d'avoir *trop bu*, ou moi, ou ma femme, ou mon petit garçon, car je n'en ai qu'un ; vous voyez, Monsieur, ce que je risquerois avec les sur-intendans de notre santé.

,, J'admirai ce regime, frere *Eustache* : mais je ne fus pas moins surpris, lorsque je rencontrai un plaideur au désespoir : (ce plaideur avoit dix-sept enfans, le dix-huitieme étoit prêt à éclore) il m'apprit qu'il venoit de perdre au delà du ruisseau le plus prochain, le même procès qu'il avoit gagné la veille au deça.

,, Je sus par lui qu'il y a dans le pays autant de codes différens que de villes.

,, Sa conversation excita ma curiosité. Notre nation est si sage, me dit-il, qu'on n'y a rien réglé. Les loix, les coutumes, les droits des corps, les rangs, les préeminences, tout y est arbitraire, tout y est abandonné à la prudence du roi ou de ses Ministres.

,, J'étois encore dans le pays, lorsque ce peuple eut une guerre avec quelques-uns de fes voifins. On appelloit cette guerre *la ridicule* (a), parce qu'il y avoit beaucoup à perdre & rien à gagner.

„ J'allai voyager ailleurs, & je ne revins qu'à la paix. La nation à mon retour, paroiffoit dans la derniere mifere ; elle avoit perdu fon argent, fes foldats, fes flottes, fon commerce.

„ Je dis : fon dernier jour eft venu, il faut que tout paffe. Voilà une nation anéantie ; c'eft dommage, car une grande partie de ce peuple étoit aimable, induftrieufe & fort gaie, après avoir été autrefois groffiere, fuperftitieufe & barbare.

„ Je fus tout étonné, frere *Euftache*, qu'au bout de deux ans, fa capitale & fes principales villes me parurent plus opulentes que jamais; le luxe étoit augmenté, & on ne refpiroit que le plaifir.

„ Je ne pouvois concevoir ce prodige. Je n'en ai vu enfin la caufe qu'en examinant le gouvernement de fes voifins ; j'ai conçu qu'ils étoient tous auffi mal gouvernés que cette nation, & qu'elle étoit plus induftrieufe que tous.

―――

(a) La guerre de 1755.

„ Un provincial de ce beau pays dont je parle, se plaignit un jour amérement de toutes les vexations qu'il éprouvoit.

„ Il savoit assez bien l'histoire ; on lui demanda s'il se seroit cru plus heureux, il y a cent ans, lorsque dans son pays, alors barbare, on condamnoit un citoyen à être pendu pour avoir fait gras en carême, ou avoir mangé un morceau de lard rance, un vendredi ou un samedi de l'année ? il secoua la tête.

„ Aimeriez-vous les tems des guerres civiles qui commencerent à la mort de *François* II, ou ceux des défaites de St. Quentin & de *Pavie*, ou les longs désastres des guerres contre les Anglois, ou l'anarchie féodale, & les horreurs de la seconde race, & les barbaries de la premiere ?

„ A chaque question, mon provincial étoit saisi d'effroi. Le Gouvernement des Romains lui parut le plus intolérable de tous.

„ Il n'y a rien de pis, disoit-il, que d'appartenir à des maîtres étrangers.

„ On en vint enfin aux Druides. — Ah ! s'écria-t-il, je me trompois ; il est encore plus horrible d'être gouverné par des Prêtres sanguinaires.

„ Il conclut enfin, malgré lui, que, le tems

où il vivoit, étoit, à tout prendre, le moins odieux "

Revenus de la promenade, je pris un livre, & je fis lire à mon frere *Jacob* ce petit apologue :

„ Un aigle gouvernoit les oiseaux de tout le pays d'Oritnie. — Il est vrai qu'il n'avoit d'autres droits que celui de son bec & de ses serres. Mais enfin, après avoir pourvu à ses repas & à ses plaisirs, il gouverna aussi bien qu'aucun autre oiseau de proye.

„ Dans sa vieillesse, il fut assailli par des vautours affamés, qui vinrent du fond du nord désoler toutes les provinces de l'aigle.

„ Parut alors un chat-huant, né dans un des plus chétifs buissons de l'Empire, & qu'on avoit longtems appellé Monsieur *Lucifugax*.

„ Ce Monsieur *Lucifugax* étoit rusé : il s'associa avec des chauves-souris, & tandis que les vautours se battoient contre l'aigle, notre hibou & sa troupe d'élite entrerent habilement, en qualité de pacificateurs, dans l'air qu'on se disputoit.

„ L'aigle & les vautours, après une assez longue guerre, s'en rapporterent à la fin au hibou, qui, avec sa physionomie grave, sut en imposer aux deux partis.

,, Il perſuada à l'aigle & aux vautours de ſe laiſſer rogner un peu les ongles, & couper le petit bout du bec pour ſe mieux concilier enſemble. Avant ce tems, le hibou avoit toujours dit aux oiſeaux : — Obéiſſez à l'aigle; enſuite il avoit dit : — Obéiſſez aux vautours. Il dit bientôt: — Obéiſſez à moi ſeul.

,, Les pauvres oiſeaux ne ſurent à qui entendre; ils furent plumés par l'aigle, le vautour, le chat-huant & les chauves-ſouris. "

Qui habet aures, audiat, ou autant dit, ATTRAPPE QUI PEUT!

✳ ✳

Le souper n'étoit pas prêt : nous pourſuivimes, en attendant, la converſation, mon frere & moi.

Il eſt clair, me dit mon frere *Jacob*, que tous les hommes, jouiſſant des facultés attachées à leur nature, ſont égaux. Ils le ſont, quand ils s'acquittent des fonctions animales, & quand ils exercent leur entendement

L'Autocratrice de la Moſcovie, le roi de la Chine, le Grand-Mogol, le Grand-Turc ne peut dire au dernier des hommes : — Je te défends de digérer & de penſer. Tous les animaux de chaque eſpece ſont égaux entr'eux.

Un cheval ne dit pas au cheval ſon confrere :
Qu'on peigne mes beaux crins, qu'on m'étrille & me ferre;
Toi, cours, & va porter mes ordres ſouverains
Aux mulets de ces bords, aux ânes mes voiſins.
Toi, prépare les grains dont je fais des largeſſes
A mes fiers favoris, à mes douces maîtreſſes.
Qu'on châtre les chevaux déſignés pour ſervir
Les coquettes jumens, dont ſeul je dois jouir.
Que tout ſoit dans la crainte & dans la dépendance :
Et ſi quelqu'un de vous hennit en ma préſence,

Pour punir cet impie & ce féditieux,
Qui foule aux pieds les loix des chevaux & des Dieux,
Pour venger dignement le ciel & la Patrie,
Qu'il foit pendu fur l'heure auprès de l'écurie.

Les animaux ont naturellement au-deffus des hommes l'avantage de l'indépendance. Si un taureau, qui courtife une geniffe, eft chaffé à coups de cornes, par un taureau plus fort que lui, il va chercher une autre maîtreffe dans un autre pré, & il vit *libre*.

Un coq battu par un coq, fe confole dans un autre poulaillier. Il n'en eft pas ainfi de nous, malheureux mortels ! Faites quelque chofe qui ne foit pas du goût de tout le monde, la Sybérie, la Baftille, les Préfides, les Galeres, Bedlam, Spandau, les Cordons, & *cætera*, & *cætera*, — font LA.

Un petit Vifir du pays de Stamboul exile à Lemnos un Boftangi ; — le Vifir *Azem* exile le petit Vifir à Tenedos ; — le Padisha ou Grand Turc exile le Vifir *Azem* à Rhodes. — Les Janiffaires mettent en prifon & étranglent fa Hauteffe, & élifent une autre Hauteffe qui exilera ou empalera les bons Mufulmans à fon choix, & felon fon bon plaifir ; encore, lui fera-t-on bien obligé, s'il fe borne à ce petit exercice de fon autorité *Sacrée* Turcque.

Si cette terre chétive & pauvre étoit ce qu'elle semble devoir être, poursuivoit mon frere *Jacob*; si l'homme y trouvoit partout une subsistance facile & assurée, & un climat convenable à sa nature, il est clair qu'il eut été impossible à un homme d'en asservir un autre.

Que ce globe soit couvert de fruits salutaires, que l'air qui doit contribuer à notre vie, ne nous donne point des maladies & une mort prématurée, que l'homme n'ait besoin d'autre lit que celui des daims & des chevreuils; alors les *Gengiskan* & les *Tamerlan* n'auront de valets que leurs enfans, qui seront assez honnêtes gens pour les aider dans leur vieillesse.

Dans cet état naturel, dont jouissent tous les quadrupédes non-domptés, les oiseaux & les reptiles, l'homme seroit aussi heureux qu'eux; la domination seroit alors une chimere, une absurdité à laquelle personne ne penseroit; car pourquoi chercher des serviteurs, quand vous n'avez besoin d'aucun service?

S'il passoit par l'esprit de quelque individu à tête tyrannique & à bras nerveux, d'asservir son voisin moins fort que lui, la chose seroit impossible; l'opprimé seroit sur le Danube, avant que l'oppresseur eut pris ses mesures sur le Volga.

Tous les hommes seroient donc nécessairement égaux, s'ils étoient sans besoins ; la misere, attachée à notre espece, subordonne un homme à un autre homme : ce n'est pas l'inégalité qui est un malheur réel, c'est la dépendance. Il importe fort peu que tel homme s'appelle sa *Hautesse*, tel autre sa *Sainteté*, tel autre sa *Majesté* ; mais il est dur de servir l'un ou l'autre.

Une famille nombreuse a cultivé un bon terroir ; deux petites familles voisines ont des champs ingrats & rebelles ; il faut que les deux pauvres familles servent la famille opulente, ou qu'ils l'égorgent ; cela va sans difficulté.

Une des deux familles indigentes va offrir ses bras à la riche, pour avoir du pain ; l'autre va l'attaquer & est battue. La famille servante est l'origine des domestiques & des manœuvres ; la famille battue est l'origine des Esclaves.

Il est impossible dans notre malheureux globe que les hommes vivans en société ne soient pas divisés en deux classes, l'une de riches qui commandent, l'autre de pauvres qui servent ; & ces deux se subdivisent en mille, & ces mille ont encore des nuances différentes.

Tu viens, toi goujeat, quand les lots sont

faits, nous dire: — Je suis homme comme vous, j'ai deux mains & deux pieds, autant d'orgueil & plus que vous, un esprit aussi désordonné pour le moins, aussi inconséquent, aussi contradictoire que le vôtre. Je suis bourgeois d'Amsterdam, citoyen de Geneve, de St. Marin, de Raguse ou de Vaugirard, donnez-moi ma part de la terre. — Il y a dans notre hémisphère connu, environ cinquante mille millions d'arpens à cultiver, tant passables que stériles. Nous ne sommes qu'environ un milliard d'animaux à deux pieds sans plumes sur ce continent; ce sont cinquante arpens pour chacun: faites-moi justice, donnez-moi mes cinquante arpens.

On lui répond: — va-t-en les prendre chez les Caffres, chez les Hottentots ou chez les Samoyèdes; arrange-toi avec eux à l'amiable; ici toutes les parts sont faites. — Si tu veux avoir parmi nous le manger, le vêtir, le loger & le chauffer, travaille pour nous, comme faisoient ton pere & ton grand-pere; sers-nous ou amuse-nous, & tu seras payé; sinon tu serois obligé de demander l'aumône; ce qui dégraderoit trop la sublimité de ta nature, & t'empêcheroit réellement d'être égal aux Rois, & même aux Vicaires de Village, selon les prétentions de ta noble fierté.

Tous les pauvres, poursuivoit encore mon frere *Jacob*, ne sont pas malheureux. La plûpart sont nés dans cet état, & le travail continuel les empêche de trop sentir leur situation; mais quand ils la sentent, alors on voit des guerres, comme celles du parti populaire contre le parti du Sénat à Rome; celle des paysans en Allemagne, en Angleterre, en France, & celle toute récente de *fesse-Mathieux* de Geneve.

Ecoutez une petite fable qui vient naturellement à ce sujet, vous cancres *Genevois*! — Un Jardinier se plaignit à son Seigneur d'un lievre qui venoit manger les choux de son jardin. — Ce Seigneur se charge d'exterminer l'animal. — Il vient chez le paysan, accompagné de trois chasseurs, suivi de trente-six chiens, & fait plus de dégat dans un moment, que le lievre n'en eut fait en mille ans. — On le poursuivit au travers du jardin. Malgré les chiens, il se sauve par un trou de la muraille. — Alors le Gentil-homme conseille au paysan de le boucher, & le félicite du départ de son ennemi.

Misérables faiseurs de tournebroches, vous

avez le fort du pauvre Jardinier ! vos chefs révoltés ont fui comme le lievre. La plûpart de vous autres fe fauve de fon jardin, & erre çà & là au milieu des buiffons & des bruyeres, mandiant le fecours & la miféricorde de tout le monde.

Toutes ces belles farces finiffent, d'ordinaire, par l'afferviffement du peuple, parce que les puiffans ont l'argent, & que l'argent eft maître de tout dans un Etat; je dis dans un Etat, car il n'en eft pas de même de nation à nation. Une Nation qui fe fervira le mieux du canon, du fufil & du fabre, fubjuguera toujours celle qui aura plus d'or, & moins de courage.

Tout homme nait avec un penchant affez violent pour la domination, la richeffe & les plaifirs, & avec beaucoup de goût pour la pareffe : par conféquent, tout homme voudroit avoir l'argent & les femmes ou les filles des autres ; être leur maître, les affujettir à tous fes caprices, & ne rien faire, ou du moins, ne faire que des chofes très-agréables.

Vous voyez bien, cher Frere *Euftache*, qu'avec ces belles difpofitions, il eft auffi impoffible que deux Prédicateurs, deux Profesfeurs de Théologie ou deux Maîtres d'école ne foyent pas jaloux l'un de l'autre.

Le genre-humain tel qu'il eft bâti, ne peut fubfifter, à moins qu'il n'y ait une infinité d'hommes utiles qui ne poffédent rien du tout. Car, certainement, un homme à fon aife ne quittera pas fon petit morceau de terre pour venir labourer le vôtre; & fi vous avez befoin d'une paire de fouliers, ce ne fera pas un Maître-des-requêtes de l'hôtel du Roi, ou une *favonette à vilain* qui vous la fera.

L'égalité eft donc à la fois la chofe la plus naturelle, &, en même tems, la plus chimérique.

Comme les hommes font exceffifs en tout, quand ils le peuvent, on a outré cette inégalité. On a prétendu dans plufieurs pays qu'il n'étoit pas permis à un citoyen de fortir de la contrée où le hazard l'a fait naître; le fens de cette loi eft vifiblement : *ce pays eft fi mauvais & fi mal gouverné, que nous défendons à chaque individu d'en fortir, de peur que tout le monde n'en forte.*

Meffieurs les Empereurs & Rois, faites mieux: donnez à tous vos fujets envie de demeurer chez vous, & aux étrangers d'y venir.

Chaque humain, dans le fond de fon cœur,

a droit de se croire entiérement égal aux autres humains, depuis le dernier marmiton d'un couvent de Capucins jusqu'au premier moutardier du Pape, jusques même au premier Major-Dome du roi d'Espagne. Il ne s'ensuit pas de-là pourtant que le Marmiton, fût-il marmiton de l'Empereur, doive ordonner à Sa Majesté de lui faire à diner.

Mais le marmiton peut dire à l'Empereur : — Je suis homme comme vous : je suis né comme vous en pleurant : vous mourrez comme moi dans les angoisses & les mêmes cérémonies : nous faisons, tous deux, les mêmes fonctions animales : si les Turs s'emparent de Vienne, & si, alors, je suis Pacha aux trois queues de cheval, & que vous soyez esclave, je vous prendrai à mon service.

Tout ce discours est raisonnable & juste : il n'y a pas le petit mot à dire ; mais en attendant que le Grand-Turc s'empare de Vienne, le marmiton doit faire son devoir, ou toute société est pervertie.

A l'égard d'un homme qui n'est ni marmiton d'un couvent de Capucins, ni marmiton d'un Pape ; encore moins marmiton d'un Empereur, si revêtu d'aucune autre charge dans l'Etat ; à l'égard d'un particulier, qui ne tient à rien, mais qui eft fâché d'être reçu partout avec l'air de la protection & du mépris ; qui voit évidemment que plufieurs *Monfignors* n'ont ni plus de fcience, ni plus d'efprit, ni plus de vertu que lui, & qui s'ennuye d'être quelquefois dans leur anti-chambre, quel parti doit-il prendre ? Celui de s'en aller.

NOIRE.

* *

*

Nous en étions là, lorsqu'on nous sonna pour souper. Nous fûmes manger. — Entre la poire & le fromage, nous reprîmes la conversation mon frere & moi.

Jacob me conta trois histoires. L'une tient un peu du scandale : elle me fit pourtant rire ; l'autre tient du massacre : elle fit saigner mon cœur ; la troisieme tient de l'horreur, elle pénétra mon ame d'indignation.

Tu sais, frere *Eustache*, me dit *Jacob*, que j'ai séjourné longues années dans la Capitale des Welches. De mon tems, il s'y passa une histoire assez scandaleuse.

Sans rechercher, ici, si ce qu'on appelle *scandale*, étoit originairement une pierre qui pouvoit faire tomber les gens, ou une querelle, ou une séduction, je m'en tiens à la signification d'aujourd'hui.

Un *scandale* est une grave indécence. On l'applique principalement aux gens d'Eglise. Les contes de *La Fontaine* sont libertins, plusieurs endroits de *Sanchez*, de *Tambourin*, de *Molina*, les plus grands & les plus profonds

Casuistes de l'univers entier, sont scandaleux.

On est scandaleux par ses écrits ou par sa conduite. Le beau siege que soutinrent les révérends peres Augustins contre les archers du guet, au tems de *la Fronde*, fut scandaleux. La banqueroute du frere *la Valette* fut plus que scandaleuse. Le procès des révérends peres Capucins de Paris, en 1764, fut un scandale très réjouissant. Avant de te raconter le joli scandale, je dois te dire un mot, cher *Eustache*, au sujet de ces Messieurs Capucins que tu ne connois pas, toi qui n'es jamais, pour ainsi dire, sorti de ton village.

Ces révérends sont des gens excessivement crasseux & ignorants, l'excrément de tous les Moines de tout pays *Catholique*, & les plus inutiles à l'Etat. Ils ne vivent que d'aumônes, n'ont aucune école publique, se piquent d'une grande humilité, vont à demi-nuds, portent une grande barbe, sont ceints d'une corde, & rien n'a l'air aussi sale & aussi malpropre que leur habillement.

Le menu peuple a pour eux autant de vénération que les Turcs en ont pour leur Dervis. Mais quelques humbles & dévôts qu'ils paroissent, il est peu de moines aussi faux, aussi traîtres, auſſi méchans que ceux-là ; & ils le font dans tous les pays.

En Eſpagne, les Capucins étoient à la tête de révoltés de Catalogne ; on les voyoit ſur les ramparts de Barcelone, au milieu des ſoldats, exciter le feu & le carnage.

En France, pendant que la peſte ravageoit la Provence, & que ce pays eſſuyoit la punition de ſes crimes, ces malheureux caffards ſongeoient à répeupler les villes, & à réparer le dommage que cauſoit la contagion. Deux d'entr'eux porterent leurs excès juſqu'à violer une jeune fille qui deſſervoit avec eux les infirmeries. On les arrêta ; mais ils trouverent le moyen de ſe ſauver, & par arrêt du Parlement, ils furent pendus tous deux en effigie.

C'eſt un nommé *François*, vrai fanatique qui n'a formé que des fanatiques, (bien entendu); il n'étoit pas capable d'en former d'autres. Ce *François* qu'on a mis dans le Ciel, (je ne ſais pourquoi) ſe vautroit follement dans la neige, comme fait vilainement le cochon dans un tas d'ordures, ou le cheval ſur la paille de ſon fumier. Ses diſciples, aujourd'hui, ſe piquent le corps avec des pointes de fer ; bien leur faſſe !

Et bien, ce *François* a été le fondateur de

premiers couvents de ces canailles de fainéants. — Ce *François* étoit fin & délié plus que *Nicolas Machiavel*, *Fra-Paolo*, *Armand* de *Richelieu*, *Jules Mazarin*, *Cromwel*, *Ximenez*, *Albéroni*, *Jean Wilkes*, le *Duc* de *Choiseul*, le Comte de *Chatham*, Lord *Nortd*, *Gravier* de *Vergennes*, Comte de *Panin*, Prince de *Kaunits*, *Monlino-Florida-Blanca*, *Jacques Fox*, Marquis de *Rockingham*, Comte de *Shelburne*, Marquis de *Pombal*, & tant d'autres que je ne te nomme pas, ne l'ont jamais été de leur vie.

Ces Messieurs auroient dû aller apprendre leur leçon à l'école de *François*. — Ce *François* trouva le secret, pendant sa vie, de donner un air de sainteté aux actions les plus extravagantes; & il n'en est aucune, quelque folle & ridicule qu'elle soit, que ses dignes disciples n'ayent relevée par des grandes louanges.

" Un jour, disent-ils (*a*), une Cigale annonçoit la belle saison par son chant. — *François* appella l'animal, &, l'ayant sur son doigt, *allons, ma sœur la Cigale*, lui dit-il, *chantez les louanges de la Divinité*. — La Cigale obéit, comme de raison; & lorsque

---

(*a*) Voyez *Légende de St. François*, *vie de St. François*, & autres *Coqs-à-l'ane sur St. François*.

„ la petite bête eut achevé sa chanson, Fran-
„ çois la remercia fort poliment, & chanta
„ lui même à son tour.

— Votre soin n'est plus nécessaire,
Vous pouvez désormais partir en liberté.

Que peux-tu autre chose que rire, frere *Eustache*, de pareilles sottises ; & tu serois bien en peine, je pense, de décider lequel est plus fou, ou de celui qui les écrit, ou de celui qui les croit. Voici encore un trait divertissant que j'ai lu dans la vie de ce *François*.

Il étoit en Lombardie, & se trouvant, un soir, un peu incommodé, (c'étoit un Vendredi) il mangea à son souper un bon gras *chapon* rôti, ce chapon, ne pouvoit manquer d'être bien tendre ; il n'avoit pas plus de *sept* ans, dit la légende. — Un pauvre se présente : *François* donne une cuisse de son bon chapon à ce pauvre qui lui demandoit l'aumône pour l'amour de DIEU, & qui, voulant jouer à *François* un mauvais tour, garda la cuisse jusqu'au lendemain que le *Saint* prêchoit. — Il la montra alors au peuple assistant à son sermon.

" Voyez, leur dit le pauvre, quelle CHAIR
„ mange le frere que vous honorez comme

„ un Saint; car il me la donna hier au foir.
„ Mais le *membre* de *Chapon* fût vu de tous.
„ être *poiſſon* : ſi qu'il fut joliment blâmé, &
„ fortement tancé comme forcené de tout le
„ peuple; & quand il vit cela, il eut honte &
„ requit pardon."

Tu vois par ces deux jolies hiſtoires, mon cher *Euſtache*, que ce *François* avoit l'art de faſciner les yeux. Je puis dire que ſes enfans n'ont rien perdu des talents de leur pere, & qu'ils ſavent perſuader aux bonnes femmes que de grands vauriens ſont de vrais religieux. ———

Je reviens à l'hiſtoire du *ſcandale* qui a occaſionné le procès des révérends peres Capucins de Paris en 1764.

Les révérends s'étoient battus dans le couvent; les uns avoient caché leur argent; les autres l'avoient volé. Juſques-là; ce n'étoit qu'un ſcandale particulier, une pierre qui ne pouvoit faire tomber que des Capucins. Mais quand l'affaire fut portée en juſtice, le ſcandale devient public.

Il eſt dit, (*a*) qu'il faut douze cent livres de

_____

(*a*) Page 27 du mémoire contre frere *Athanaſe*, préſenté au Parlement.

pain par femaine au Couvent des révérends peres Capucins de la rue *Saint Honoré*, de la viande, du vin, du bois à proportion, & qu'il y a quatre quêteurs en titre d'office, chargés de lever ces contributions dans la ville.

Quel fcandale épouvantable ! Douze cent livres de viande, douze cent livres de pain par femaine pour quelques lâches, fainéants, crasfeux Capucins, tandis que tant de braves gens accablés de vieilleffe, & tant d'honnêtes veuves font expofées tous les jours à périr de mifere !

Que le révérend frere *Dorothée* avec fa longue barbe de bouc, fe foit fait trois mille livres de rente au dépens du couvent, & par conféquent aux dépens du public, voilà nonfeulement un fcandale énorme, mais un vol fait à la claffe la plus indigente des citoyens de Paris. Car ce font les pauvres qui payent la taxe impofée fans *lettres-patentes* par les moines mendians.

L'ignorance & la foibleffe du peuple lui perfuadent qu'il ne peut gagner le ciel qu'en donnant fon néceffaire ; dont ces moines compofent leur fuperflu.

Il a donc fallu que, de ce feul chef, frere *Dorothée* ait extorqué vingt mille écus, au moins, aux pauvres de Paris, pour se faire mille écus de rente.

Songe bien, mon cher *Eustache*, que de telles aventures ne sont pas rares dans ce dix-huitiéme siécle de notre ère vulgaire, qui a produit tant de bons livres.

Je te l'ai déja dit, frere *Eustache*, le peuple ne lit point. Un Capucin, un Cordelier, un Carme, un Picpuce qui confesse & qui prêche, est capable de faire lui seul plus de mal que les meilleurs livres, l'Evangile à côté, ne pourront jamais faire de bien.

Si j'avois assez de crédit & de confiance, j'oserois proposer aux ames bien nées de tout pays Catholique, Apostolique & Romain de répandre dans une capitale & dans toutes les provinces, un régiment d'anti-Capucins, d'anti-Cordeliers, d'anti-Recollets, d'anti-Picpuces & d'anti-Carmes, qui iroient de maison en maison recommander aux peres & aux meres d'être bien vertueux, & de garder leur argent pour l'entretien de leur famille, & le soutien de leur vieillesse ; d'aimer Dieu de tout leur cœur & *par-dessus toutes choses*, & sur tout de ne jamais rien donner aux coquins de Moines.

Mais revenons :

On accuse (a) frere *Gregoire* d'avoir fait un enfant à Mademoiselle *Charlotte Bras-de-Fer*, & de l'avoir ensuite mariée à *Moutard* le cordonnier.

On ne dit point si frere *Grégoire* a donné lui-même la bénédiction nuptiale à sa maîtresse, & à ce pauvre *Moutard* avec dispense. S'il l'a fait, voilà le scandale le plus complet qu'on puisse donner ; il renferme fornication, vol, adultère & sacrilège : —— *Horresco referens.*

Je dis d'abord *fornication*, puisque frere *Grégoire* forniqua avec *Charlotte Bras-de-Fer*, qui n'avoit alors que quinze ans.

Je dis *vol*, puisqu'il donna des mouchoirs, des tabliers & des rubans à *Charlotte*, & qu'il est évident qu'il vola le Couvent pour les acheter, pour payer les soupers, les frais de couches & les mois de nourrice.

Je dis *adultère*, puisque ce méchant Capucin continua de coucher avec Madame *Moutard*.

Je dis *sacrilège* ; puisqu'il confessoit *Charlotte*; & s'il maria lui-même sa maîtresse, figurez-vous quel homme c'étoit que frere *Grégoire*.

(a) Page 43 du mémoire.

※ ※

※

JE passe à la seconde histoire dont je t'ai parlé, frere *Eustache*, me dit *Jacob*. Je t'ai dit qu'elle tenoit du massacre, eh ! oui, du massacre ! elle fait saigner mon cœur, elle fera sûrement saigner le tien. Elle a excité l'étonnement & la pitié de l'Europe entiere (excepté peut-être de quelques fanatiques ennemis de la nature humaine.)

Ce n'est pas d'aujourd'hui que l'on dit que la Justice est bien souvent très-injuste : *Summum jus, summa injuria*, est un des plus anciens proverbes.

Il y a plusieurs manieres affreuses d'être injuste ; celle, par exemple, de rouer vif l'innocent *Calas* sur des indices équivoques, & de se rendre coupable du sang innocent pour avoir trop cru de vaines présomptions.

Une autre maniere d'être injuste, est de condamner à la mort un homme qui mériteroit tout au plus trois mois de prison. Cette espece d'injustice est celle des tyrans, & surtout des fanatiques, qui deviennent toujours tyrans, dès qu'ils ont la puissance de mal faire.

Je viens à la funeste, à la massacrable histoire que je t'ai promise, cher frere, me dit *Jacob*.

Il y avoit dans Abbeville, petite cité d'une petite province au Royaume de Welches, une Abbesse, fille d'un Conseiller d'Etat très-estimé. C'étoit une Dame aimable, de mœurs au fonds très-régulieres, d'une humeur douce & enjouée, bienfaisante, & sage sans superstition.

Un habitant de cette cité, nommé B***, âgé de 60 ans, vivoit avec elle dans une grande intimité, parce qu'il étoit chargé de quelques affaires du Couvent; il étoit Lieutenant d'une espece de petit tribunal qu'on appelle *Election*, si l'on peut donner le nom de tribunal à une Compagnie de Bourgeois ignares, uniquement préposés pour régler l'assise de l'impot appellé *la taille*.

Cet homme devint amoureux de l'Abbesse, qui ne le repoussa d'abord qu'avec sa douceur ordinaire; mais qui fut ensuite obligée de marquer son aversion & son mépris pour ses importunités trop redoublées.

Elle fit venir chez elle dans ce tems-là, un Chevalier de *la Barre*, son neveu, âgé de dix-neuf ans, petit-fils d'un Lieutenant-Général des armées, mais dont le pere avoit dissipé une fortune plus de 40000 livres de rente. Elle prit soin de ce jeune homme, comme de son fils, & elle étoit prête à lui faire obtenir une compagnie de Cavalerie : il fut logé dans l'extérieur du Couvent, & madame sa tante lui donnoit souvent à souper, ainsi qu'à quelques jeunes gens de ses amis.

Le Sieur B*** exclus de ces soupers, se vengea en suscitant à l'Abbesse quelques affaires d'intérêt.

Le jeune *la Barre* prit vivement le parti de sa tante, & parla à cet homme avec une hauteur qui le révolta entiérement.

B*** résolut de s'en venger. Il sçut que le Chevalier de *la Barre* & le jeune *Talonde* (ce dernier n'avoit pas encore dix-huit ans) fis du président de l'*Election*, avoient passé depuis peu devant une procession sans ôter leur chapeau.

Il chercha dès ce moment à faire regarder cet oubli momentané de bienséances religieuses comme une insulte préméditée faite à la religion. Tandis qu'il ourdissoit secretement cette trame, il arriva malheureusement que le 9 Août de la même année, on s'apperçut que le crucifix de bois, posé sur le pont d'Abbeville, étoit endommagé, & l'on soupçonna que des soldats ivres avoient commis cette insolence impie.

Peux-tu t'empêcher de remarquer ici, frere *Eustache*, me dit *Jacob*, qu'il est peut-être indécent & dangereux d'exposer sur un pont ou sur un grand chemin ce qui doit être révéré dans un temple *Catholique*? les voitures publiques peuvent aisément le briser ou le renverser par terre. Des ivrognes peuvent l'insulter au sortir d'un cabaret, d'un bordel, sans savoir même quel excès ils commettent.

Tu dois remarquer encore, frere *Eustache*, que ces ouvrages grossiers, ces crucifix de ponts ou de grand chemin, ces images de la Vierge *Marie*; ces Enfans Jesus qu'on voit dans des niches de plâtre au coin des rues de plusieurs villes, ne sont pas un objet d'adoration tel qu'ils le sont dans les Eglises Catholiques : cela est si vrai qu'il est permis de passer devant ces images sans les saluer. Ce sont des monumens d'une piété mal éclairée: & au jugement de tous les hommes sensés, ce qui est *saint* ne doit être que dans un lieu *saint*.

Malheureusement un des plus grands fanatiques du siecle, l'Evêque d'Amiens, étant aussi Evêque d'Abbeville, donna à cette aventure une célébrité, & une importance qu'elle ne méritoit pas.

Il fit lancer des *monitoires*, arme terrible & imposante pour les sots ; le fanatique & encore plus ignorant Prélat, vint faire une procession solemnelle à Abbeville auprès de ce crucifix, & on ne parla dans cette cité que de Sacrileges pendant une année entiere.

On disoit qu'il se formoit une nouvelle secte qui brisoit tous les crucifix de la province des *Picards*, qui jettoit par terre toutes les hosties & les perçoit à coup de couteaux.

On assuroit que les hosties avoient répandu beaucoup de sang. Il y eut des femmes, des vieilles grand'meres, de vieux bons hommes qui crurent en avoir été témoins.

On renouvella tous les contes calomnieux répandus contre les Juifs dans tant de villes de l'Europe.

Tu connois, frere *Eustache*, à quel excès la vile canaille porte la crédulité & le fanatisme, trop souvent encouragés par quelques Prêtres ou moines.

Le Sr. B***, voyant les esprits échauffés, confondit malicieusement ensemble l'aventure du crucifix & celle de la procession, qui n'avoient aucune connexité.

Ce miferable rechercha toute la vie de l'infortuné Chevalier de *la Barre* : il fit venir chez lui, valets, fervantes, manœuvres ; il leur dit d'un ton d'*infpiré*, qu'ils étoient obligés, en vertu des *facrés Monitoires*, de révéler tout ce qu'ils avoient pu apprendre à la charge de ce jeune homme ; ils répondirent tous qu'ils n'avoient jamais entendu dire que le Chevalier de *la Barre* eût la moindre part à l'endommagement du crucifix.

On ne découvrit aucun indice touchant cette mutilation, &, même alors, il parut fort douteux que le crucifix eut été mutilé exprès.

On commença à croire (ce qui eft affez vraifemble) que quelque charette chargée de bois, de bled, de foin ou de paille avoit caufé cet accident.

Mais, dit B*** à ceux qui vouloit faire parler, " fi vous n'êtes pas fûrs que le Che-
„ valier de *la Barre* ait mutilé un crucifix en
„ paffant fur le pont, vous favez au moins
„ que cette année, au mois de Juillet, il a
„ paffé dans une rue avec deux de fes amis, à
„ trente pas d'une proceffion, fans ôter fon
„ chapeau. Vous avez oui dire qu'il a chanté
„ *une fois* des chanfons libertines ; vous êtes
„ obligés de l'accufer *fous peine de péché mortel*. "

Après les avoir ainſi intimidés, le miſérable alla lui-même chez le premier Juge de la Sénéchauſſée d'Abbeville: Il y dépoſa contre ſon ennemi; il força ce Juge à entendre les dénonciateurs.

La procédure une fois commencée, il y eut une foule de délations; chacun diſoit ce qu'il avoit vu ou cru voir, ce qu'il avoit entendu ou cru entendre.

Mais quel fût, frere *Euſtache*, l'étonnement du ſcélérat B***, lorſque les témoins qu'il avoit ſuſcités lui-même contre le Chevalier de *la Barre*, dénoncerent ſon propre fils comme un des principaux complices des impiétés ſecrettes qu'on cherchoit à mettre au grand jour!

B*** fut frappé comme d'un coup de tonnerre; il fit ſur-le-champ évader ſon fils; mais ce que tu croiras à peine, frere *Euſtache*, le coquin n'en pourſuivit pas avec moins de chaleur cet affreux procès.

Voici quelles furent les charges.

Le 13 Août (année 1765) ſix témoins dépoſent *qu'ils ont vu paſſer trois jeunes-gens à trente pas d'une proceſſion; que les Srs. de la Barre & de Talonde avoient leurs chapeaux ſur la tête, & le Sr. Moinel le chapeau ſous le bras.*

Dans

Dans une addition d'information, une *Elifabeth Lacrivel* dépofe avoir entendu dire à un de fes coufins, que ce coufin avoit entendu dire au Chevalier de *la Barre* qu'il n'avoit pas ôté fon chapeau.

Le 26 Septembre, la femme d'un favetier, nommée *Urfule Gondalier*, dépofe qu'elle a entendu dire que le Chevalier de *la Barre*, voyant une image de *Saint Nicolas*, en lâtre, chez la Sœur *Marie*, touriere du Couvent, il demanda à cette touriere, fi elle avoit achetée cette image pour avoir celle d'un homme chez elle.

Le nommé *Bauvalet*, garçon Cordonnier, dépofe que le Chevalier de *la Barre* a proféré un mot impie en parlant de la Vierge *Marie*.

Claude, dit *Sélincourt*, Jardinier, témoin unique, dépofe que l'accufé lui a dit que les *Commandemens* de Dieu ont été faits par des prêtres; mais à la confrontation, l'accufé foutint que le Jardinier *Sélincourt* étoit un calomniateur, & qu'il n'avoit été queftion que des *Commandemens* de l'Eglife.

Le nommé *Héquet*, garçon muletier, dépofe que l'accufé lui a dit ne pouvoir comprendre comment on adoroit un Dieu de *pâte* L'accusé, dans la confrontation, soutint qu'il n'avoit parlé que des Egyptiens.

Nicolas la Vallée, maître boulanger, dépose qu'il a entendu chanter au Chevalier de *la Barre*, deux chansons de corps-de-garde. L'accusé avoue qu'un jour étant ivre, il les a chantées avec le Sr. de *Talonde*, sans savoir ce qu'il disoit ; que, dans cette chanson, on appelle à la vérité la *Sainte Marie - Magdelaine*, PUTAIN ; mais qu'avant sa conversion elle avoit mené une vie libertine & débordée. Il convint avoir récité l'Ode à *Priape* du Sr. *Pyron*.

Le sus-dit *Héquet* dépose encore dans une addition, qu'il a vu le Chevalier de *la Barre* faire une petite génuflexion devant les livres intitulés, *Thérèse Philosophe*, la *Touriere des Carmélites*, le *Portier des Chartreux*. Il ne désigne aucun autre livre ; mais au récolement & à la confrontation, il dit qu'il n'étoit pas sûr que ce fut le Chevalier de *la Barre* qui fit ces génuflexions.

Le nommé *La Cour*, charpentier, dépose qu'il a entendu dire à l'accusé, au *nom du con*, au lieu de dire au *nom du pere*, &c. Le Chevalier dans son interrogatoire sur la sellette nie ce fait.

Le nommé *Petignot*, tailleur, dépose qu'il a entendu l'accusé réciter les *Litanies* du *con*, telle à peu près qu'on les trouve dans maître *Rabelais*, & que je n'ose rapporter ici. L'accusé le nie dans son interrogatoire sur la sellette; il avoue qu'il a en effet prononcé *con*; *con* des Demoiselles, *con* des Dames; mais il nie tout le reste.

Ce sont là, frere *Eustache*, me dit *Jacob*, toutes les accusations que j'ai vues portées contre le Chevalier de *la Barre*, le Sr. *Moinel*, le Sr. de *Talonde*, *Jean-François Douville de Maillefeu*, & le fils du nommé B***, auteur de toute cette massacrable tragédie.

Il a été constaté qu'il n'y avoit eu aucun scandale public, puisque *la Barre* & *Moinel* ne furent arrêtés que sur des monitoires lancés à l'occasion de la mutilation du crucifix, dont ils ne furent chargés par aucun témoin.

On rechercha toutes les actions de leur vie, leurs conversations secrettes, des paroles échappées un an auparavant; on accumula des choses qui n'avoient aucun rapport ensemble, & en cela même la procédure fut très-vicieuse.

Sans ces funestes monitoires, & sans les mouvemens violens que se donna B***, il n'y auroit jamais eu de la part de ces enfans infortunés ni scandale, ni procès criminel. Le scandale public a été surtout dans le procès même.

Le monitoire d'Abbeville fit précisément le même effet que celui de Toulouse contre les *Calas*; il troubla les cervelles & les consciences.

Les témoins excités par B***, comme ceux de Toulouse, l'avoient été par le Capitoul *David*, rappellerent dans leur mémoire des faits, des discours vagues, dont il n'étoit gueres possible qu'on pût se rappeller exactement les circonstances, ou favorables ou aggravantes.

Dans l'infâme procédure, il n'y eut d'interrogés que *la Barre*, & *Moinel*, enfant d'environ quinze ans.

Moinel tout intimidé, & entendant prononcer au Juge le mot d'attentat contre la religion, fut si hors de lui, qu'il se jetta à genoux, & fit une confession générale, comme s'il eut été devant son confesseur.

La Barre, plus instruit & d'un esprit plus ferme, répondit toujours avec beaucoup de raison, & disculpa *Moinel* dont il avoit pitié. Cette conduite qu'il eut jusqu'au dernier moment, prouva qu'il avoit une belle ame. Cette preuve auroit dû être comptée pour beaucoup aux yeux de juges intelligens, & ne lui fervit de rien.

Dans ce procès, frere *Euftache*, qui a eu des fuites fi affreufes, tu ne vois que des indécences réprimables, & pas une action noire; tu n'y trouves pas un feul de ces délits qui font des crimes chez toutes les nations; point de brigandage, point de violence, point de lâcheté rien de ce qu'on reproche à ces enfans ne feroit même un délit dans les autres Communions chrétiennes.

Je fuppofe que le Chevalier de *la Barre* & Mr. de *Talonde* ayent dit *que l'on ne doit pas adorer un Dieu de pâte*: ils ont commis une très-grande faute parmi les *Catholiques*; mais c'eft précifément, & mot à mot ce que difent tous ceux de la religion *réformée*.

Le Chancelier d'Angleterre, Lord *Cambden*, (d'aujourd'hui) homme très-fage, prononceroit ces mots en plein Parlement, fans qu'ils fuffent relevés par perfonne.

Lorfque My Lord *Lockart* étoit Ambaffadeur à Paris, un habitué de paroiffe porta furtivement l'*Euchariftie* dans fon hôtel à un Domeftique malade qui étoit *Catholique*. My Lord *Lockart* qui le fçut, chaffa l'habitué de fa maison. Il dit au Cardinal *Mazarin* (alors Ministre) qu'il ne souffriroit pas cette insulte. My Lord traita en propre termes l'*Eucharistie* de *Dieu de pâte* & *d'idolâtrie*. —— Le Cardinal *Mazarin* lui fit des excuses.

Le grand Archevêque *Tillotson*, le meilleur président de l'Europe, & presque le seul qui n'ait point deshonoré l'éloquence par de fades lieux communs, ou par des vaines phrases fleuries, ou par de faux raisonnemens ; l'Archevêque *Tillotson*, dis-je, parle précisément de l'*Eucharistie* comme le Chevalier de *la Barre*.

Les mêmes paroles respectées dans My Lord *Lockart* à Paris, & dans la bouche de My Lord *Tillotson* à Londres, ne peuvent donc être qu'un délit local, un délit de lieu & de tems, un mépris de l'opinion vulgaire, un discours échappé au hazard devant une ou deux personnes.

N'est-ce pas le comble de la cruauté, frere *Eustache*, de punir ces discours secrets, du même supplice dont on puniroit celui qui auroit empoisonné son pere & sa mere, & qui auroit mis le feu aux quatre coins de sa ville?

Remarque, cher frere, je t'en supplie, comme on a deux poids & deux mesures dans ce monde.

Tu trouvera dans la XXIVe. lettre *Perſanne* de *Monteſquieu*, Préſident à *Mortier* du Parlement de Gaſcogne, de l'Académie Françoiſe de Paris, ces propres paroles : *Ce magicien s'appelle le* Pape, *tantôt il fait croire que* TROIS *ne font* qu'UN; *tantôt que le* PAIN *qu'on mange n'eſt pas du* PAIN, *& que le* VIN *qu'on boit n'eſt pas du* VIN; & mille autres traits de cette eſpece.

L'illuſtre & recommandable *Fontenelle* s'étoit exprimé de la même maniere dans la rélation de Rome & de Geneve, ſous le nom de *Mero & d'Enegu*.

Il y avoit mille fois plus de ſcandale dans ces paroles de *Fontenelle* & de *Monteſquieu*, expoſées par la lecture aux yeux du public, qu'il n'y en avoit dans deux ou trois mots échappés au Chevalier de *la Barre* devant un ſeul témoin, paroles perdues dont il ne reſtoit aucune trance.

Les diſcours ſecrets devroient être regardés comme des penſées. C'eſt un axiome dont la plus déteſtable barbarie doit convenir.

Je te dirai plus, frere *Euſtache*; il n'y a point de loi en France, de loi expreſſe qui condamne à mort pour des blaſphêmes.

L'ordonnance de 1666 preſcrit une amende

pour la premiere fois, le double pour la feconde, &c. — & le *pilori* pour la fixieme récidive.

Cependant les Juges d'Abbeville, par une ignorance craffe & une cruauté inconcevable, condamnerent le jeune *Talonde*, agé de dix-huit ans, 1o. à fouffrir le fupplice de l'amputation de la langue jufqu'à *la racine*, ce qui s'exécute de maniere que, fi le patient ne préfente pas la langue lui-même, on la lui tire avec des tenailles de fer, & on la lui arrache.

2°. On devoit lui couper la main droite à la porte de la principale Eglife.

3°. Enfuite il devoit être conduit dans un tombereau à la place du marché, être attaché à un poteau avec une chaîne de fer, & être brûlé à petit feu.

Le Sr. de *Talonde* avoit heureufement épargné à fes Juges l'horreur de cette exécution par la fuite.

Le Chevalier de *la Barre* étant entre leurs mains, ils eurent l'humanité d'adoucir la fentence, en ordonnant qu'il feroit décapité avant d'être jetté dans les flammes; mais s'ils diminuerent le fupplice d'un côté, ils l'augmenterent de l'autre, en le condamnant à fubir la question *ordinaire* & *extraordinaire* pour lui faire déclarer ses complices ; comme si des extravagances de jeune homme, des paroles emportées par le vent, dont il ne reste pas le moindre vestige, étoient un crime d'Etat, une conspiration. Cette étonnante Sentence fut rendue le 28 Février de l'Année 1766.

La Sénéchaussée d'Abbeville ressortit au Parlement de Paris.

Le Chevalier de *la Barre* y fut transféré, son procès y fut instruit. Dix, Dix des plus célébres Avocats de la Capitale de Welches signerent une Consultation, par laquelle ils demontrerent l'inégalité des procédures, & l'indulgence qu'on doit à des enfans mineurs, qui ne sont accusés ni d'un complot, ni d'un crime réfléchi. Le Procureur-Général (*Joli de Fleuri*) versé dans la jurisprudence, conclut à réformer la sentence d'Abbeville.

Il y avoit vingt-cinq Juges ; Dix acquiescerent aux Conclusions du Procureur-Général ; les QUINZE autres animés par des principes respectables, dont ils tiroient des conclusions affreuses, se crurent obligés de confirmer cette abominable sentence.

Ces QUINZE fanatiques Juges vouloient signaler leur zele pour la religion *Catholique-Apostο-*

lique & *Romaine*; mais ils pouvoient être religieux & très-fort religieux, fans être affaffins & meurtriers.

Ils eft trifte, frere *Euftache*, que CINQ voix fur VINGT-CINQ, fuffifent pour arracher la vie à un accufé, & quelquefois à un innocent. Ne faudroit-il pas peut-être dans un tel cas de l'unanimité ? Ne faudroit-il pas au moins que les trois quarts de voix concluffent à la mort ? Encore en ce dernier cas, le quart des juges qui mitigeroit l'arrêt, ne pourroit-il pas dans l'opinion des cœurs bien faits, l'emporter fur les trois quarts. Je ne te donne cette idée que comme un doute, frere *Euftache*, en refpectant le fanctuaire de la juftice, & en le plaignant.

La jurifprudence de France eft dans un fi grand cahos, & conféquemment l'ignorance des juges de Province eft quelquefois fi grande, que ceux qui porterent l'odieufe & barbare fentence contre le jeune *Talonde* & le Chevalier de *la Barre* fe fonderent fur une déclaration de *Louis* XIV, amenée en 1682.

Cette ordonnance de 1682 prefcrit à la vérité la peine de mort pour le *Sacrilége joint à la fupeftition*; mais il n'eft queftion dans cette loi que de *magie* & de *fortilege*; c'eft-à-dire, de ceux qui, en abufant de la crédulité du peuple, & en fe difant *magiciens*, font à la fois *profanes* & *empoifonneurs*.

Voilà la lettre & l'efprit de la loi ; il s'agit dans cette loi de faits criminels pernicieux à à la fociété, & non pas de vaines paroles, d'imprudences, de légeretés, de fottifes commifes fans aucun deffein prémédité, fans aucun complot, fans même aucun fcandale public.

Que diroit-on, frere *Euftache*, d'un Juge qui condamneroit aux galeres perpétuelles une famille honnête pour avoir entrepris un pélérinage à Notre-Dame de Lorrette, fous prétexte qu'en effet il y a une loi du même Roi *Louis* XIV, enregiftrée en Parlement, laquelle condamne à cette peine les vagabonds, les artifans qui abandonnent leur profeffion, qui menent une vie licencieufe, & qui vont en pélérinage à Notre-Dame de Lorrette, fans une permiffion fignée d'un Miniftre d'Etat ?

Les Juges de la Cité d'Abbeville fembloient donc vifiblement pécher contre la loi autant que contre l'humanité, en condamnant à des fupplices auffi épouvantables que recherchés, un Gentil-homme, & un fils d'une très-honnête famille, tous deux dans un âge où l'on ne pouvoit regarder leur étourderie que comme un égarement qu'une année de prison auroit corrigé.

Il y avoit même si 'peu de corps de délit, que les Juges dans leur sentence se servent de ces termes vagues & ridicules, employés par le petit peuple, *pour avoir chanté des chansons abominables & exécrables contre la Vierge Marie, les Saints & Saintes.*

Remarque, frere *Eustache*, qu'ils n'avoient chanté *ces chansons abominables & exécrables contre les Saints & Saintes*, que devant un seul témoin qu'ils pouvoient recuser légalement.

Ces épithetes font-elles de la dignité de la Magistrature ? Une ancienne chanson de table, n'est après-tout qu'une chanson. C'est le sang humain légérement répandu ; c'est la torture, c'est le supplice de la langue arrachée, de la main coupée, du corps jetté dans les flammes, qui est *abominable* & *exécrable*.

Le Chevalier de *la Barre* fut renvoyé à Abbeville pour y subir son horrible supplice ; & c'est dans la patrie des plaisirs & des arts qui adoucissent les mœurs, dans ce même royaume des Welches, aujourd'hui si fameux par les graces & par la molesse, qu'on voit de ces horribles aventures.

NOIRE. 77

Mais tu fais, frere *Euftache*, que ce pays n'eft pas moins fameux par la *St. Barthelemi*, & par les plus énormes cruautés.

Enfin, le premier Juillet 1766, fe fit dans Abbeville cette exécution trop mémorable : cet enfant fut d'abord appliqué à la torture. Voici quel eft ce genre de tourment.

Les jambes du patient font ferrées entre des ais ; on enfonce des coins de fer ou de bois entre les ais & les genoux, les os en font brifés.

Le Chevalier s'évanouit ; mais il revint bientôt à lui à l'aide de quelques liqueurs fpiritueufes, & déclara, fans fe plaindre, qu'il n'avoit point de complice.

On lui donna pour Confeffeur & pour affiftant un Dominicain, ami de fa tante l'Abbeffe, avec lequel il avoit fouvent foupé dans le couvent. Ce bon homme pleuroit, & le Chevalier le confoloit.

On leur fervit à dîner. Le Dominicain ne pouvoit manger. ,, Prenons un peu de nourriture, ,, lui dit le Chevalier, vous aurez befoin de ,, force autant que moi pour foutenir le fpec- ,, tacle que je vais donner. "

Le fpectacle en effet étoit terrible : on avoit envoyé de la Capitale des Welches cinq bourreaux pour cette infame exécution.

Je ne puis dire au fûr fi on coupa au Chevalier la langue & la main. Tout ce que j'ai fçu, c'eft qu'il monta fur l'échafaud avec un courage tranquille, fans plainte, fans colere, & fans oftentation.

Tout ce que dit *la Barre* au religieux qui l'affiftoit, fe réduit à ces paroles: *Je ne croyois pas qu'on pût faire mourir un jeune Gentilhomme pour fi peu de chofe.*

Lorfque la nouvelle de fa mort fut reçue à Paris, le nonce du *St. Pere* dit publiquement qu'il n'auroit point été traité ainfi à Rome; & que s'il avoit avoué fes fautes à l'Inquifition d'Efpagne ou de Portugal, il n'eût été condamné qu'à une pénitence de quelques années.

Je prierois volontiers tous les Docteurs des quatre parties du globe de vouloir bien me communiquer leurs penfées fur cet événement.

Quel horrible, quel infame, quel abominable, quel exécrable affaffinat, cher frere *Euftache* !

Chaque fiécle voit de ces cataftrophes qui effrayent les hommes; qui effrayeroient les loups, les lions, les léopards, les tigres.

Les circonftances ne font jamais les mêmes;

ce qui eut été regardé avec indulgence, il y a cinquante ans, peut attirer une mort affreuse cinquante ans après.

Le Cardinal de *Retz* prend séance au Parlement de Paris avec un poignard *empoisonné* qui déborde *quatre doigts* hors de sa soutane; & cela ne produit qu'un *bon mot*.

Des frondeurs jettent par terre le *Saint-Sacrement* qu'on portoit à un malade, Valet-de-Chambre du Cardinal *Mazarin*, & chassent le Prêtre à coups de plat d'épée, & on n'y prend pas garde.

Ce même *Mazarin*, ce premier Ministre, revêtu du sacerdoce, honoré du *Cardinalat*, dignité suprême, mais dignité à la *Grecque* (*a*) est proscrit sans être oui, son sang est proclamé à cent mille écus.

On vend les livres de ce même *Mazarin* pour payer sa tête, dans le tems même qu'il conclut *la paix* de Munster, & qu'il rend le repos à l'Europe; — mais, on n'en fait que rire; & cette proscription ne produit que des chansons.

Altri tempi, altre cure; — Ajoutons, frere *Eustache*, d'autres tems, d'autres malheurs, &

(*a*) De nos jours, bien entendu.

ces malheurs s'oublieront pour faire place à d'autres.

Soumettons-nous, tous humains que nous fommes, à la Providence qui nous éprouve, tantôt par des calamités publiques, tantôt par des défaftres particuliers. Souhaitons des loix plus fenfées, des Miniftres des loix plus fages, plus éclairés, plus humains que ceux d'Abbeville, que ceux même du Parlement de Paris, fans oublier ceux des Meffires & Maîtres du Parlement de Touloufe, fur lefquels le fang injuftement répandu de l'innocent *Calas* réjaillira dans tous les fiécles des fiécles.

Avant d'aller coucher, frere *Euſtache*, je dois te raconter la troiſieme hiſtoire que je t'ai promiſe. Elle tient de l'horreur, t'ai-je dit. Toutes les fois que je me la rappelle, elle pénétre encore mon ame d'indignation.

Il s'agit de la premiere ABBESSE de Paris; je m'explique: de la fameuſe SURINTENDANTE ou GRANDE-MAÎTRESSE des plaiſirs de la Cour & de la Ville, de la noble Dame *Gourdan*, que, par une dénomination plus décente & plus honorable, on appelloit LA PETITE COMTESSE.

Cette femme étoit ſurtout eſſentielle aux étrangers, comme aux My Lords d'Angleterre, aux Boyards de Moſcovie, aux Grands d'Eſpagne, aux Princes, Comtes & Barons du *St. Empire Romain*. Elle étoit pour ces Seigneurs d'une grande reſſource.

Ne te fache pas, cher *Euſtache*, ſi je te confeſſe que j'en ai quelquefois uſé, comme les autres, pendant mon ſéjour dans la Capitale des Welches. Je puis t'en parler pertinemment, moi.

Ce qui rendoit la noble *Gourdan* précieuſe

entre fes femblables, c'étoit fon art de s'infinuer chez les femmes comme il faut, de gagner leur confiance & de les rendre dociles aux propofitions qu'elle leur faifoit.

Tu fens, ami *Euftache*, qu'il falloit qu'elles fuffent proportionnées à l'objet defiré ; car enfin, de l'aveu même d'une Impératrice & d'une Reine, il n'eft point de perfonne du fexe qui ne püiffe s'acheter ; il ne s'agit que du prix,

Un fwelte *My Lord* Anglois, un lourdaut *Myn Heer* Hollandois, avec des *guinées au courant*, ou des ducats *bien cordonnés*, peut frapper fur le cû bien fort, & claquer fur les feffes à fon aife à la plus belle femme de France, d'Allemagne & de toute autre pays de la terre. *Argent fait tout*, c'eft le proverbe.

La noble *Gourdan* avoit un talent tel, qu'il lui avoit procuré la connoiffance des Princes, des Evêques, des Miniftres, des Magiftrats, &, lors de fon fingulier procès, ce talent la fit regretter de tous ces illuftres perfonnages.

Comment, diras-tu, frere *Euftache*, une entremetteufe, c'eft-à-dire, une *maquerelle* auffi effentielle dans la premiere Capitale du monde, a-t-elle pu mériter l'animadversion de la justice?

Voici l'histoire. Elle te paroîtra bien romanesque, l'ami! mais je l'ai tirée de la Dame accusée. Cette histoire t'amusera j'espére.

Madame d'*Oppy*, (c'est son nom) femme d'un grand bailli d'épée de la ville de Douai, étoit à Paris par nécessité.

Un certain égrefin, Chevalier de Saint-Louis qu'elle avoit vu en Flandre chez ses beaux-freres, mais qu'elle connoissoit peu personnellement, profite du vuide de société où elle se trouve, pour lui rendre des visites assidues & se rendre nécessaire auprès d'elle par des apparences de dévouement & de zele.

Bientôt notre égrefin lui fait sentir la nécessité où elle se trouve de se procurer des liaisons dans un pays où l'ennui succéde tour-à-tour au dégoût des affaires.

Il lui vante une femme de *condition* de ses amies, d'un certain âge, bien répandue, tenant un état considérable & recevant la meilleure compagnie.

C'étoit précisément ce qu'il falloit à une femme qui, avec un nom, de la figure & surtout de la jeunesse, avoit besoin pour paroître décemment dans le monde, d'une personne de son sexe qui lui servit en quelque sorte de sauve-garde & d'introductrice.

Le moyen que Madame d'*Oppy* ne se laissât point aller à une proposition aussi décente de la part d'un militaire qu'elle croyoit de ses amis !

La bonne Dame n'avoit pas assez d'expérience des intrigues de la Capitale des Welches, pour savoir que les fonctions les plus malhonnêtes y sont souvent l'appanage de l'homme décoré & le moyen de parvenir à la fortune & aux honneurs. Elle accepta donc avec empressement, & fut conduite chez la prétendue Comtesse.

D'ailleurs, une vaste & belle maison, un domestique nombreux, des appartemens meublés superbement, tout annonçoit l'opulence de la maîtresse.

La noble *Macqua* accabla de politesses la nouvelle présentée, se félicita d'avoir fait sa connoissance, en remercia l'égrefin, & parut vouloir se lier plus intimément avec une femme aussi aimable.

Cette intimité ne peut avoir lieu alors, à cause d'un voyage que Madame d'*Oppy* fit, peu de jours après, chez elle.

Mais, un an après, de retour dans la Capitale, ne fongeant plus à fon aventure, elle fe trouve attaquée au bal de l'Opéra par un masque qui, après l'avoir tourmentée un peu, fe fait reconnoître pour la femme chez laquelle elle a été conduite un an auparavant.

Frere *Euſtache*, grands reproches d'une part, excufes de l'autre.

On pardonne, à condition qu'on viendra fe juſtifier à un fouper, un jour indiqué.

Madame d'*Oppy* s'y rendit. Il n'y avoit en femmes qu'elle & fa nouvelle amie, la Comteſſe, la *petite* Comteſſe, la noble *Maqua*. Le reſte des convives confiſtoit en Cavaliers, qu'à leurs noms, vrais ou faux, Madame d'*Oppy* reconnut pour gens du plus haut parage.

Le fouper fut gai, divertiſſant, fans indécence, & l'on fe retira de bonne heure.

Un 15 Avril, jour fatal où Madame d'*Oppy* s'étant empreſſée d'aller chez la Comteſſe fur un billet d'invitation, elle fe trouve affaillie par un Sr. *Marais*, (grand coquin) infpecteur de police, chargé du détail des putins & des tous les bordels de Paris; par un Sr. *Mutel*, (pas trop honnête homme) Commiſſaire des dites perfonnes & des dits lieux, qui arrêtent la provinciale Dame *par ordre du Roi*, & lui apprennent que le lieu où elle eſt, eſt un lieu de prostitution ; que la femme qu'elle croit son amie, son égale, en est la directrice ; que c'est la Dame *Gourdan* (l'INFAME COQUINE!) Nom trop célèbre dans la Capitale, mais ignoré d'une femme honnête.

Cette abominable *Maqua*, cette exécrable *Gourdan* se rend alors son accusatrice, & lui met sur le compte des débauches, dignes de la derniere de ses infâmes éleves : elle en fait sa déclaration.

Le perfide Chevalier de *Gricourt*, beau-frere de Madame d'*Oppy*, voyoit tout, entendoit tout d'un appartement voisin. Il étoit l'infame chef secret & invisible de l'exécution, & sans égard aux reclamations de sa belle-Sœur, aux protestations de son innocence, à ses refus obstinés de rien signer, à ses larmes, à ses sanglots, il la fait conduire à *Sainte-Pélagie*, dans une de ces maisons de force, destinées à purger les familles & la société de leurs plus vils rebuts à envelopper dans les ténebres la honte d'un mari déshonoré, l'opprobre d'une femme scandaleuse, à donner un frein, en un mot, à ces *Messalines*, dont aucune pudeur ne peut arrêter les écarts & les débauches.

Là, la trop infortunée, mere de famille, femme de condition, alliée d'une infinité de maisons illustres, est dépouillée de ses habits, couverte d'une robe de *bure*, & reçoit le signe de l'infamie, en voyant tomber ses beaux cheveux, l'ornement de sa tête.

Cependant, le mari apprend les horreurs qu'on impute à sa femme. Il arrive à Paris, il la voit, il entend sa justification.

Mais trop foible, & pour la tourmenter innocente, & pour résister aux efforts des insignateurs de sa persécution, il prend un milieu; il fait convertir la lettre de cachet, qui retient Madame d'*Oppy* prisonniere à *Sainte-Pélagie*, en un autre, qui l'exile dans une terre où elle doit vivre avec lui, sans pouvoir se remontrer à Paris, sous quelque prétexte que ce soit.

Arrivés en ce lieu, les deux époux souperent ensemble, coucherent ensemble, & scellerent de bonne grace dans le lit conjugal une paix où l'épouse avoit seule à pardonner. Elle avoit déja tout oublié; mais elle retomba bientôt dans des nouvelles anxiétés.

A travers la satisfaction apparente de son mari, malgré les preuves de tendresse qu'il lui prodiguoit, elle démêloit un trouble, une contrainte, une agitation qu'il dissimuloit mal.

Madame d'*Oppy* ne peut résister à son desir

de s'éclaircir. Ayant trouvé un moment favorable pour fouiller dans les poches de son mari, elle en tire une correspondance odieuse, dont le résultat est un plan concerté de l'arrêter de nouveau au moyen d'un autre ordre du Roi, & de la faire enfermer pour le reste de ses jours dans un couvent.

A cette lecture effrayante, elle prend son parti, & ne voit son salut que dans la fuite.

Après avoir erré dans plusieurs endroits, elle se fixe en Angleterre. Elle apprend que son mari, au bout d'un an de délai, a rendu plainte contr'elle en adultere, & l'a fait condamner à la peine de l'authentique.

Elle repasse en France, y reste cachée, dans l'espoir de venger son honneur attaqué, elle parvient enfin à faire lever la lettre de cachet, toujours subsistante. Elle interjette appel de la procédure entamée par son mari, & en demande la nullité.

Cependant le mari rend une nouvelle plainte qui commençant où vient de finir la premiere, embrasse tout l'intervalle écoulé depuis son évasion, & articule de nouveaux faits d'adultere pendant le séjour de sa femme à Londres.

C'est dans cet état du procès qu'intervient un arrêt, qui décréte de prise de corps la noble *Gourdan*, & deux autres femmes publiques ayant servi de témoins contre l'accusée.

Mais l'infame *Maqua* qui a des amis particuliers en Cour de Parlement, a été avertie par de jeunes Conseillers, & s'est soustraite à la captivité.

Quoiqu'il en soit, les fonctions de la *petite* Comtesse se trouvent interrompues, & c'est ce qui désole tant de gens de tout sexe, de tout âge, de toute condition & de tout pays à qui cette infame appareilleuse rendoit les services essentiels de sa profession.

On a saisi & annoté ses meubles, mis les scellés chez elle. On lui avoit fait représenter auparavant son livre, qui est déposé au greffe. On dit que ce livre est une piéce très-curieuse.

Pour en connoître l'importance, il faut que tu saches, frere *Eustache*, que les bordels de la Capitale de Welches sont d'institution politique. Les matrones, qui y président par essence, espionnes de la police, tiennent un régistre exact de toutes les personnes qui viennent chez elles, & entrent à cet égard dans les détails les plus particuliers qu'elles peuvent apprendre. Tu sens, ami *Eustache*, combien ils doivent être amusans.

C'est sous le feu Roi, *Louis* XV, & surtout à la fin de son regne, que cet historique du libertinage de la Capitale de Welches étoit fort recherché.

On prétend que c'est la trop fameuse Marquise de *Pompadour* qui, pour dissiper l'ennui de son auguste Amant, avoit imaginé cette scandaleuse Gazette.

Le Magistrat chargé de cette partie en dernier lieu (M. de Sartine) y donnoit une attention particuliere : il occupoit journellement un Secrétaire de confiance très-intime, à rédiger de ces divers matériaux un journal galant & luxurieux. Tu sens aisément, l'ami, que le Monarque & sa maîtresse en faisoient leurs plus cheres délices ; Tu conçois combien cette impudique Gazette avoit dû prendre faveur sous le regne de la crapuleuse Comtesse *du Barry*, & les jolis commentaires qu'elle pouvoit y faire.

Le Lieutenant de police d'aujourd'hui n'a pas cet avantage.

Le jeune Roi, ami des mœurs, rejetteroit avec indignation une Chronique aussi ignominieuse ; il rougiroit de turpitudes qu'on y dévoile.

Mais ces archives d'horreurs & d'infamies

n'en subsistent pas moins, comme pouvant servir à diriger le Ministere dans quantité d'opérations sourdes, à lui fournir le fil de beaucoup de choses & le secret de presque toutes les familles.

Pendant que je suis sur le compte de la *Gourdan*, frere *Eustache*, il faut te faire part de deux anecdotes qui la concernent, anciennes déja, & qu'on m'a apprises. Tu verras par la premiere, que cette infame entremetteuse étoit très-propre à jouer tous les rôles qu'on vouloit lui faire faire pour assouvir sa cupidité. La seconde est une preuve qu'il étoit très-aisé de se méprendre sur son compte, mais que l'erreur ne pouvoit durer longtems.

Un fermier général, (le Sr. *Dongé*) vieux libertin, très-riche, voyoit en société une femme de condition, venue à Paris avec son mari pour solliciter à la Cour quelque grace.

Cette femme étoit fraiche, aimable, enjouée ; elle avoit donné dans l'œil du Turcaret. Celui-ci avoit essayé de s'insinuer auprès d'elle, mais sans succès ; ce qui n'avoit fait qu'irriter ses desirs.

Il va trouver la *petite* Comtesse, il lui fait part de son amour, & déclare à être disposé à tous les sacrifices pécuniaires, si elle peut déterminer cette beauté à lui devenir favorable.

Il ajoute qu'il sçait qu'elle n'est pas à son aise, & l'autorise à s'avancer en propositions solides, aussi loin que l'exigeront les circonstances.

Du reste, il promet de forts honoraires pour la *Maqua*.

Celle-ci commence par faire connoissance avec la femme de chambre : elle se ménage un accès chez la maîtresse, comme marchande à la toilette qui vient lui faire voir des bijoux, des étoffes & autres effets précieux à acheter.

Elle découvre bientôt le foible de la Dame ; elle a une fureur de diamans inconcevable, mais elle ne sait comment faire pour les payer ; elle manque d'argent. L'adroite *Maqua* vient rendre compte au Financier de sa commission ; Elle lui dit que l'ouverture est faite, mais que la négociation est chere ; qu'il s'agit d'un écrin de dix mille écus.

Le publicain, ladre de son caractere, étoit trop épris pour l'être en pareil cas.

Il va chez un bijoutier, se munit de la plus belle garniture de cette espece, & la confie à la perfide appareilleuse, qui ne doute plus d'éblouir la provinciale avec de telles offres.

Elle s'y rend adroitement, & comme la commiſſion devenoit de plus en plus délicate, à cauſe de l'époux, elle engage la Dame à venir chez elle ſecrétement pour voir les diamans en queſtion, très-beaux, qui ne ſeront point chers, dont le propriétaire eſt obligé de ſe défaire à bon compte.

La jeune femme, qui à l'exemple de quantité de ſes ſemblables, traitoit tout cela à l'inſu de ſon mari, accepte le rendez-vous comme plus commode. Elle logeoit dans le quartier de la Comédie Italienne.

Un Dimanche, ſous prétexte d'aller à l'Egliſe, enveloppée d'une caleche, elle va chez la prétendue marchande à la toilette, qui de ſon côté n'avoit pas manqué de prévenir le fermier-général, de lui annoncer que la beauté, docile à ſes déſirs, conſentoit à une entrevue à telle heure.

La jeune provinciale arrive la premiere, ſuivant la combinaiſon de la perfide *Maqua*, elle lui déploye les diamans, elle les lui eſſaye, elle lui met les girandoles, la bague au doigt, le colier au cou, &c.

Celle-là ſe livrant à la vanité ordinaire de

son sexe, s'admire dans cet éclat : — " Mais
„ tout cela sera bien cher, dit elle ? — " Non,
„ Madame, répond l'entremetteuse abomina-
„ ble. " En même tems elle fait entrer le paillard financier : — " Voilà le propriétaire ;
„ vous vous arrangerez ensemble, je vous
„ quitte. "

La traîtresse *Maqua* sort aussi-tôt, ferme la porte & laisse la victime en proye aux desirs effrénés du vieux débauché. *Dongé*, qui, de son côté, croyant ses propositions acceptées, fait les déclarations les plus chaudes, & se met en devoir de recueillir le fruit de ses avances.

Tout cela s'étoit passé si brusquement que la provinciale pétrifiée n'avoit pas reconnu d'abord le fermier-général. Elle lui témoigne sa surprise & le rejette avec indignation.

Etonné à son tour, le paillard financier demande si elle s'est flattée de recevoir ce cadeau impunément ? Il s'en suit une explication affreuse.

Notre provinciale apprend où elle est ; en vain elle veut sortir : point de clef à la porte : elle a beau sonner, personne ne répond.

L'infame hôtesse du lieu voyoit le combat par une ouverture secrette. Elle se flattoit toujours que les diamans opéreroient leur effet : elle ne pouvoit concevoir qu'une femme résiſtât à un pareil appas.

Cependant il fallut terminer cette ſcene, qui ne prenoit pas décidément la tournure convenable, & qui commençoit à fatiguer le paillard publicain.

Il remet ſes diamans dans ſa poche. La beauté furieuſe, menace la ſcélérate *Gourdan* de la faire mettre à l'*hôpital*.

Tout conſidéré, de peur que l'aventure ne parvînt aux oreilles de ſon mari, elle a trouvé plus prudent de reſter tranquille, de profiter de la leçon, de renoncer aux diamans, & ſurtout de ne plus voir des marchandes à la toilette.

L'autre anecdote eſt plus plaiſante, frere *Euſtache*.

La *petite* Comteſſe, non moins utile aux plaiſirs de la Cour qu'à ceux de la Capitale, revenoit un jour de Verſailles où elle avoit conduit deux Nymphes, morceaux choiſis, qu'elle avoit préſentés à quelque grand.

Aux approches de Paris, ſon caroſſe caſſe, elle eſt obligée de mettre pied à terre avec ſes deux éleves.

Un Prélat, un M. de *Lorry*, Evêque de Tarbes, paſſe dans le même tems : il eſt touché de l'accident : il prend part au fort de ces Dames, leur offre fa voiture pour les ramener. Il infifte.

La *petite* Comteffe trouve très-comique de fe voir dans le caroffe d'un Evêque ; elle accepte, & fe pavane aux yeux de tous les fpectateurs.

C'étoit un jour où la route de Verfailles étoit encore plus fréquentée que de coutume.

Une infinité de jeunes Seigneurs fe rendoient à la Cour : plufieurs reconnoiffent le Prélat & fa compagnie.

Arrivés, ils n'ont rien de plus preffés que d'en rire & d'en faire l'hiftoire du jour. Elle parvient aux oreilles de la Comteffe *du Barry* qui en amufe le monarque.

S. M. ordonne au Grand Aumonier de mander de fa part l'Evêque, & de lui faire des reproches fur fa conduite fcandaleufe.

Le Prélat ne fait ce que cela veut dire. Enfin la plaifanterie s'éclaircit, & fa Grandeur reconnoît que la charité n'eft pas toujours bien placée ni bien récompenfée.

Te voilà maintenant au fait, frere *Euftache*, de cette premiere Abbeffe de Paris. Je dois t'inftruire à préfent des diverfes curiofités qu'on a trouvées dans fa maifon.

DEPUIS

DEPUIS le décret de prise & de corps lancé contre l'infame *Gourdan*, ce qui avait obligé cette Abbesse de laisser ses ouailles dispersées & de prendre la fuite ou de se cacher, ses meubles avoient été saisis, & sa maison étoit sous la sauve-garde de la justice. On y mit un gardien, qui ne l'ouvroit que par billet du président de la Tournelle ; mais comme celui-ci étoit un homme aimable, il donnoit volontiers permission de voir cet horrible temple de luxure. Beaucoup d'honnêtes gens qui n'auroient osé y entrer auparavant, profiterent de l'occasion, & parmi ceux qui y avoient été, tels que moi, il en est quantité qui n'en ayant connu que les Nymphes, en visitèrent ensuite les appartemens secrets, où ne s'admettoient que ceux auxquels ils pouvoient être utiles.

J'ai trouvé ce lieu digne de t'être décrit en certaines parties, frere *Eustache*, par les recherches & les ressources du libertinage qu'on y trouvoit.

Je ne te parlerai point du *Serrail*. Le mot

seul caractérise cette salle d'assemblée, commune à toutes les maisons de cette espece. On y rencontre toujours ce qu'on appelle *plastrons de corps-de-garde*, c'est-à-dire, une douzaine de filles perdues, gangrénées, vérolées jusqu'à la moëlle des os, & dont le cœur & l'esprit encore plus corrompus, les rendoient propres à recevoir cette multitude effrenée de jeunes militaires oisifs, débauchés, sans argent, qui s'établissoient-là comme en garnison, & que la police, pour éviter des plus grands désordres, oblige les Abbesses de recueillir.

Juge, frere *Eustache*, que d'ordures doivent se débiter dans un pareil cercle ! Que d'horreurs & d'infamies doivent s'y commettre ! Ce sont cependant souvent de très-jolies créatures, condamnées à passer ainsi la fleur de leurs ans dans ces abominables exercices.

Je passe à la *piscine*.

C'étoit un cabinet de bain, où l'on introduisoit les filles qu'on recrutoit sans cesse pour la *petite* Comtesse dans les provinces, dans les campagnes & chez le peuple de Paris.

Avant de produire un pareil sujet à un amateur, qui eut reculé d'effroi s'il l'eut vu sortant de son village ou de son taudis, on la décrassoit en ce lieu, on lui adoucissoit la peau, ou la blanchissoit, on la parfumoit; en un mot, ou y maquignonoit une *cendrillon*, comme on prépare un superbe cheval.

Je vis ensuite une armoire où étoient les différentes essences, liqueurs & eaux à l'usage des Demoiselles.

Je remarquai l'*eau de pucelle*; c'est un fort astringent avec lequel l'infâme *Maqua* réparoit les beautés un peu delabrées, & rendoit ce qu'une jeune fille ne peut perdre qu'une fois.

A côté de l'*eau de pucelle*, étoit l'*essence à l'usage des monstres*; c'en étoit une dont on faisoit rarement l'emploi; cependant on a prétendu que l'exécrable appareilleuse en faisoit quelquefois l'application sur de petites *novices*, dont elle hâtoit ainsi la maturité en faveur des personnages du plus haut rang, dont la paillardise avoit besoin d'être excitée par la fraîcheur, l'élasticité, l'ingénuité de l'enfance, mais chez qui la vigueur ne répondoit pas aux desirs.

En revanche, il étoit une liqueur dont il se faisoit une grande consommation. On voyoit nombre de flacons du *spécifique* du Docteur *Préval*.

Ce scientifique *fourré* prétendoit qu'il étoit à la fois *indicatif*, *curatif* & *préservatif* de la vérole, chaude-pisses, chancres, poulains, &c.

La *Maqua Gourdan*, l'une des plus intelligentes *Maquas* de l'univers entier, s'en servoit, m'assura-t-on, dans le premier cas. Par des injonctions qu'elle faisoit à une courtisanne qui se présentoit chez elle, elle jugeoit d'abord si elle n'étoit point *saine*, à des convulsions involontaires que la Nymphe éprouvoit sur le champ.

D'autres fois, par une expérience plus sûre encore, elle en donnoit en boisson, &, dans vingt-quatre heures, les symptômes les plus caractérisés se développoient sur une beauté fraîche, paroissant jouir de la meilleure santé.

Dans le troisieme cas, enfin, elle n'avoit pas d'autre recette; celle-ci étant la plus commode, la plus courte & la moins dispendieuse. Au moyen de cette utilité variée, elle faisoit grand cas de l'inventeur scélérat du *spécifique*, & avoit avec lui une intimité très-étroite. Cependant le Docteur a été en procès avec la *Maqua* à l'occasion de son infernalle découverte.

Du Cabinet des *bains*, on passoit dans le *Cabinet* de *Toilette*, où les éleves de ce recommandable Séminaire de Venus recevoient leur seconde préparation.

Je ne t'y retiendrai pas longtems, frere *Eustache*; tu as sûrement assisté quelquefois à cet exercice journalier des femmes, & je ne t'apprendrai rien de nouveau. Imagine-toi seulement ce séjour garni de tout ce qui peut contribuer à rendre une Nymphe neuve & séduisante.

La *salle du bal* suivoit après, & quoiqu'elle ne servît point à danser, elle n'étoit pas mal nommée, parce qu'en effet c'étoit-là précisément où chaque fille, femme ou veuve recevoit son déguisement convenable; où la paysanne étoit métamorphosée en bourgeoise, & la femme de qualité quelquefois en cuisiniere.

Un ami qui m'accompagnoit, m'expliqua ce que signifioient toutes les sortes d'habillemens que nous y vîmes.

Il n'est qu'à Paris, frere *Eustache*, où l'on trouve de ces rafinemens favorables à tant de supercheries qui s'y exercent. Les *bordels* de Londres, de Venise, de Rome, de Naples, n'approchent pas de l'endroit dont je te fais la description. Les personnes qui les tiennent dans ces capitales sont bien éloignées de l'esprit de ruse, d'intrigue & de scélératesse que possédent si supérieurement les entremetteuses de Paris, & surtout celle dont je te parle.

Pour mieux te mettre au fait, l'ami, mon conducteur fit ouvrir une armoire, dans laquelle nous apperçumes, avec le plus grand étonnement, une porte, mais fur laquelle il y avoit un fcellé.

Ne pouvant rompre le fceau de la juftice, il me dit que cette porte rendoit dans un appartement d'une maifon voifine, où elle étoit recouverte d'une femblable armoire, en forte que ceux qui y entroient, ne fe doutoient en rien de la communication : que cet appartement étoit occupé par un marchand de tableaux, de curiofités, &c. chez lequel tout le monde pouvoit entrer fans fcandale ; dont la maifon d'ailleurs à porte cochere & dans un autre rue, (la rue *St. Sauveur*, dans laquelle fe rend la rue des *Deux-Portes*, où étoit la maifon de l'infame *Gourdan*) ne laiffoit foupçonner en rien l'objet de la venue des perfonnes qui s'y rendoient.

Ce marchand étoit d'intelligence avec la *Maqua*, fa voifine, & c'eft de chez lui que pénétroient chez elle les Princes, les Prélats, les gens à fimarre, les Dames de haut parage, qui avoient befoin d'une maniere ou d'autre des exercices de l'exécrable *Gourdan*.

Au moyen de cette introduction furtive, &

que les domestiques même ignoroient, on changeoit, comme l'on vouloit, de décoration en ce lieu.

L'Ecclésiastique pouvoit se transformer en séculier, le magistrat en militaire, & se livrer ainsi, sans crainte d'être découverts, aux honteux plaisirs qu'ils y venoient chercher.

Les femmes cachant également leur grandeur & leurs titres sous la bure d'une Chambriere, ou dans les cornettes d'une *Cauchoise* (*a*), recevoient hardiment les vigoureux assauts du rustre grossier que leur avoit choisi leur experte confidente pour assouvir leur indomptable tempérament. De son côté, le paysan grossier, croyant carresser sa semblable, se livroit sans s'effaroucher, à toute l'impétuosité de son ardeur brutale.

De-là, je passai avec mon conducteur dans l'*infirmerie*.

Que ce mot ne t'épouvante pas, cher *Eustache*; il n'est point question de maladie pestilentielle, mais de ces voluptueux *blasés* dont

---

(*a*) Femmes du pays de *Caux* en Normandie, qui conservent à Paris ordinairement le costume de leur province, très-remarquable, & qui contribuent beaucoup, comme gentilles & disposées au libertinage, à recruter les bordels de la Capitale.

il faut réveiller les sens flétris par toutes les ressources de l'art de la luxure.

Ce lieu ne recevoit le jour que d'en-haut, ce qui le rendoit plus tendre; de toutes parts on ne voyoit sur les murs que des tableaux, des estampes lubriques ; ces attitudes, ces postures lascives, inventées pour allumer l'imagination & ranimer ses desirs, étoient répétées en sculpture, comme pour frapper davantage les amateurs, & les morceaux les plus orduriers des poëtes se lisoient encadrés , & contribuoient d'autant à enflammer le lecteur.

Au fond d'une alcove étoit un lit de repos de satin noir ; le ciel & les côtés étoient en glace, & répétoient non-seulement les objets de ce voluptueux boudoir, mais toutes les scenes même des acteurs sur ce matelas de la débordée luxure.

En parcourant tant de choses, mes yeux se porterent sur des petits faisceaux de genêt parfumés.

Je demandai ingénument à quoi cela servoit. Mon conducteur me rit au nez & me dit : „ Vo-
„ tre ignorance vous fait honneur ; je vous
„ félicite de n'avoir pas besoin de ce secours;
„ mais comme cela pourra arriver, il faut
„ vous apprendre l'usage de ces verges, car

,, c'en font de réelles, & elles font destinées
,, à une flagellation, même souvent violente.

,, Il est des paillards malheureux qui se font
,, de cette sorte agiter le sang à tour de bras
,, par une ou deux expertes courtisannes.

,, Ainsi en mouvement, le sang se porte
,, dans les muscles, trop paresseux, organes
,, du plaisir, & ces libertins se trouvent alors
,, une vigueur dont ils ne se seroient pas cru
,, capables.

,, Il en est d'autres qui ont recours à un
,, moyen moins répugnant en apparence, mais
,, plus funeste ; le voilà. "

En même tems, mon conducteur, homme qui avoit l'expérience du local, tira d'une petite armoire une boëte, où étoient des pastilles en forme de dragées de toute couleurs.

" Il suffit, continua-t-il, d'en manger une,
,, & bientôt après, on se sent un nouvel
,, homme. "

Ces pastilles étoient étiquetées : *pastilles* à *la Richelieu*.

J'en demandai la raison. Mon conducteur répondit : que ce mémorable Maréchal de France en avoit fait beaucoup d'usage, non pour lui, mais pour se rendre favorables les femmes dont il avoit la fantaisie & qu'il avoit trouvées rebelles : qu'en leur faisant manger de ces *bonbons*, il les avoit toutes réduites : qu'ils avoient une efficacité telle, qu'ils excitoient le tempérament des plus vertueuses, & les rendoient folles d'amour pendant quelques heures.

Je témoignai à mon digne conducteur mon dégoût d'un secret, qui, humiliant, avilissant l'amour propre même du vainqueur, devoit être pernicieux à la victime, & d'ailleurs la faire périr de douleur & de rage, revenue à son sang froid.

Mon louable conducteur me raconta à cette occasion la scélératesse d'un certain Comte de *Sade*, ce gentil-homme si renommé pour ses horreurs contre les femmes qui, étant restées impunies, l'ont autorisé à en commettre de nouvelles.

Voici ce que j'ai lû autrefois de ce gentilhomme Welche, ou plutôt Cannibal, dans les nouvelles du tems :

Un M. de Sade, homme d'un certain âge & d'une famille distinguée du COMTAT*, qui se prétend parent de la belle Laure, passant le Samedi Saint dans la place des Victoires, est arrêté par une femme qui lui demande l'aumône.*

Le Comte l'envisage : il la trouve jeune & jo-

lie ; il veut savoir pourquoi elle ne fait pas un autre métier plus agréable & plus lucratif ?

Après un dialogue trop long à rapporter, frere *Eustache*, sur la difficulté que voit le Comte d'amener cette femme à ses vues, il paroît entrer dans ses besoins, & lui propose de la prendre comme gouvernante, de la mettre à la tête de sa maison.

La femme y consent. Le Comte lui donne rendez-vous pour le lendemain, & la conduit à sa maison de campagne (à *Arcueil*) où se trouvant seule avec elle, il renouvelle ses instances galantes, & sur le refus persévérant de cette femme, il s'en empare, il l'oblige à se déshabiller, l'épée nue à la main, il la lie à une colonne de lit, il la fouette, la flagelle, lui déchiquete le corps avec un canif, il jette sur ses playes de la cire d'Espagne; il l'enferme & se retire.

La malheureuse se démene & se détache : elle court à la fenêtre, elle appelle du secours, &, sur le bruit qu'elle entend à la porte de la chambre, croyant que son bourreau veut rentrer, elle se jette par la fenêtre.

Le Comte revient à Paris. — Grande émeute au village. — Plainte chez le Baillif.

On a prétendu que la famille très-accréditée de ce féroce de *Sadé* avoit intimidé ou gagné le Baillif, mais qu'un Préfident des Enquêtes du Parlement nommé (*Pinon*) qui avoit une maifon au même lieu, lui ayant reproché fon indolence & fa foibleffe, l'affaire fut fon train.

La femme qu'on dit, dans le tems, être celle d'un ouvrier du fauxbourg *St. Antoine*, fe caffa bras & jambes de fa chûte.

Le procès de cet atroce de *Sade* avoit été entamé par le Parlement ; mais fa famille accréditée & alliée (a-t-on prétendu) de la maifon de *Condé*, le fit fouftraire à la vindicte des loix.

C'eft ainfi, cher *Euftache*, que, dans le fuperbe pays des Welches, tout fcélérat du Royaume, tout bandit de la Capitale, tout roué de la Cour en eft quitte pour l'exil ou la prifon.

Ce même Cannibale de *Sade*, donnant, il y a quelques années, un bal à Marfeille, il avoit empoifonné ainfi tous les bonbons qu'il y diftribuoit, & bientôt toutes les femmes brûlées d'une fureur utérine, & les hommes devenus autant d'*Hercules*, convertirent cette fête en *lupercales*, & la falle du bal en un lieu public de proftitution.

Je ne puis t'aſſurer, l'ami, s'il n'eſt pas réſulté de morts de cette débauche, mais certainement beaucoup d'hommes en ont été malades. Tu te doutes bien que cela n'a pas été ſi pernicieux à la ſanté du ſexe.

L'indigne auteur de cette belle gentilleſſe, ayant par ce ſecours joui de la femme qu'il convoitoit, s'eſt enfui avec elle, & quoiqu'on ait commencé une ſeconde inſtruction contre lui, il pourra bien dans quelque tems imaginer quelque autre galanterie de ce genre.

Au ſurplus continua mon conducteur, ſi, ſans avoir recours à ce ſtimulant, il vous tomboit ſous la main une femme, ou plutôt une louve trop difficile à ſatisfaire, voilà de quoi l'aſſouvir & la mettre à la raiſon.

Il me montra en même tems une petite boule en forme de pierre, appellée *pomme d'amour*.

Il m'aſſura que la vertu en étoit ſi efficace, qu'introduite dans le centre du plaiſir, elle entroit dans la plus vive agitation & cauſoit à la femme tant de volupté qu'elle étoit obligée de la retirer avant que l'effet en ceſſât.

Mon complaiſant guide ne pût me dire ſi les chymiſtes avoient analyſé cette pierre, qui paſſe pour une compoſition, & dont les Chinois, dit-on, font grand ufage.

J'obfervai alors, en maniant un de ces inftrumens ingénieux, inventés dans les couvens de filles pour fuppléer aux fonctions de la virilité, que, fans doute, les bonnes connoiffeufes négligeoient celui-ci pour l'autre.

" Oui, me répondit mon honnête conducteur ; mais comme les *pommes d'amour* ne fe cueillent pas dans ce pays-ci, qu'il y a trop loin de Paris à Pekin, que tout au plus il s'en voit chez quelques curieux, il faut bien s'en tenir à l'ancien ufage, & vous ne fauriez croire la quantité de lettres qu'on a trouvées dans la correfpondance de l'infame *Gourdan*, à qui les Abbeffes & les fimples religieufes s'adreffoient pour être fournies de ce fpécifique *confolateur*. "

Je vis enfuite une quantité de petits anneaux noirs, mais beaucoup plus grands que des bagues, & dont la deftination ne paroiffoit pas faite pour les doigts. Je demandai ce que c'étoit.

" Encore une reffource, me dit mon digne guide, pour les paillards, qui, trouvant une courtifanne trop froide, ainfi qu'il leur arrive affez fouvent de l'être, harraffées, fatiguées, ufées, comme elles font commu-

„ nément dans les exercices de Venus, ont
„ defir de l'aiguillonner ; c'eſt pour cela qu'on
„ nomme ces bagues, *des aîdes*. On les met,
„ vous concevez où ; elles ſe prêtent ſuivant
„ la groſſeur du cavalier. Elle ſont fort ſou-
„ ples, mais en même tems elles ſont parſe-
„ mées de petits nœuds, qui excitent une telle
„ titillation chez la femme, qu'elle eſt forcée
„ de ſuivre l'impulſion de l'amoureux, & de
„ prendre ſon allure. "

Pour finir l'inventaire de ces charmantes curioſités du joli cabinet de la *petite* Comteſſe, je ne dois point omettre une multitude (qui tire à l'infini) *redingottes* appellées d'*Angleterre*, je ne ſais pourquoi.

Connois-tu, au ſurplus, frere *Euſtache*, (non tu ne connois pas ça, tu es trop ſimple) ces eſpeces de boucliers, qu'on oppoſe aux traits empoiſonnés de l'amour, & qui n'émouſſe que ceux du plaiſir.

Mon guide & moi, nous ne fîmes que jetter un coup d'œil dans la *chambre de la queſtion*.

C'eſt un cabinet où par des gaſes tranſparentes, des *trompes-valets*, (*a*) la maîtreſſe du lieu

---

(*a*) *trompe-valet* eſt une petite lucarne, qu'ont, à Paris, les marchands, au plancher de leur chambre, par où ils voyent, quand ils le veulent, ce qui ſe paſſe dans leur boutique.

& ſes dignes confidens voyent & entendent tout ce qui s'y fait & s'y dit.

Ces *trompes-valets* ſont d'un grand ſecours pour les poliſſons de la police de Paris ; & c'eſt là où les ſuppôts, mouches & mouchars de la dite louable-police de l'honorable Capitale des Welches ont arrêté la dame d'*Oppy*.

Nous terminâmes, mon ami & moi, par une derniere piece, que le concierge de la maiſon de l'infame MAQUA *Gourdan* appella le *ſallon de Vulcain*.

Je n'y trouvai rien d'extraordinaire qu'un fauteuil dont la forme ſinguliere me frappa.

" Aſſeyez-vous dedans, me dit mon ami ;
„ vous allez concevoir ſon utilité. "

A peine je m'y fus jetté que le mouvement de mon corps fit jouer une baſcule. Le dos ſe renverſa, & moi auſſi.

Je me trouvai les jambes écartées & enlacées mollement, ainſi que les bras *en croix*.

" Ma foi, repondis-je, les filets du Dieu de
„ *Lemnos* ne valoient pas mieux. "

Mon très-louable guide m'apprit que ceux-ci ſe nommoient *les filets de Franſac*; qu'il avoient été imaginés par ce Seigneur, (digne fils de ſon pere) pour triompher d'une pucelle qui, quoique d'un rang très-médiocre (c'étoit la
niéce

niéce d'un favetier) avoit réfifté à toutes fes féductions, à tout fon or & à toutes fes menaces.

Ce *Fronfac*, Duc & Pair de France, devenu furieux d'amour, fe porta à commettre trois crimes à la fois pour affouvir fa paffion ; il fe rendit coupable d'*incendie*, de *rapt* & de *viol*.

Une belle nuit, il fait mettre le feu à la maifon de cette jeune fille par des *coupe-jarrets* à fes ordres.

Une vieille *Duegne*, profitant du défordre qu'occafionna cet accident, s'empare de la fille, fous prétexte de lui donner un afyle, & l'ayant fouftraite aux yeux de fa mere, la conduit dans ce repaire.

Le Duc de *Fronfac* y étoit; on la précipite dans ce fauteuil infernal, & là, fans égard à fes larmes, à fes cris, à fon effroi, il fe livre à toutes les infamies que peut lui fuggérer fa coupable lubricité.

Le local de la *petite* Comteffe étoit difpofé de façon que le bruit des plaintes, des fanglots, des hurlemens mêmes, ne pouvoit fe faire entendre au-dehors.

Ce ne fût qu'au bout de quelques jours qu'au moyen des recherches de la police, l'indigne, l'exécrable mégere, complice des forfaits du fcélérat Duc, fût obligée de relâcher fa proye.

Je frémis d'horreur à ce récit : „ Comment,
„ m'écriai-je, n'avoir point écartelé un scélé-
„ rat, coupable de tant de forfaits ! " ——

„ Non, me dit mon conducteur, le feu Roi,
„ instruit des faits, l'exila de sa Cour, on
„ commença une information, & l'argent fit
„ le reste. Quand les clameurs publiques furent
„ assoupies, il reparut à la Cour, il continua
„ les fonctions de *Gentil-homme de la cham-*
„ *bre* dont il a la survivance (du Maréchal-
„ Duc de *Richelieu*, son pere ;) & il les exer-
„ ce aujourd'hui auprès du Monarque regnant.
„ Et c'est ce Prince austere, l'ami des mœurs,
„ dont, sans qu'il le sache, la personne sa-
„ crée est encore souillée par les attouchemens
„ impurs de ce monstre de débauche & de cor-
„ ruption ! "

Après avoir examiné tout ce qu'il y avoit
de remarquable dans cette maison, il ne me
restoit plus rien à desirer pour satisfaire ma
curiosité, que d'avoir communication de ce lubrique calendrier, où la *petite* Comtesse-*Maqua*, Historienne de la Police, rendoit compte, jour par jour, nuit par nuit, de toutes les
personnes qui entroient chez elle & de ce qui
s'y passoit.

Il ne m'a pas été possible, l'ami, de voir ce

fameufiffime livre : mais je vais te dédommager par une fublime piece d'éloquence qui te donnera une idée nette de la compofition de cette féductrice fameufe; (du moins, affure-t-on, que l'ouvrage eft d'elle, & il eft certain que le manufcrit, de fa main, & corrigé en divers endroits, a été trouvé dans fon Secrétaire.)

Ce morceau me parût fi original, que je priai mon aimable & complaifant conducteur de me permettre d'en prendre une copie, que je vais te lire, frere *Euftache*.

L'anecdote eft que l'idée de ce fuperbe morceau étoit venue au feu Prince de Conti, à l'occafion de la mort d'une Madame *Paris*; autre infame mégere de la Capitale des Welches, & que la *petite* Comteffe-*Maqua* fit exécuter par quelque *faifeur* de fes amis; & un jour, après une orgie du Séréniffime Prince, en préfence de beaucoup de gens de la Cour, la détestable la prononça réellement.

Je vais t'en faire lecture, cher *Euftache* : médite fur cet excellent traité de morale : puis après, tâche de nettoyer tes oreilles fouillées par tant d'ordures qui découlent naturellement du fujet.

ORAISON FUNÈBRE *de très-haute & très puissante Dame*, Madame JUSTINE PARIS, GRANDE PRÊTRESSE DE CYTHERE, PAPHOS, AMATHONTE, &c. *prononcée par* Madame GOURDAN, *sa* COADJUTRICE, *en présence de toutes les* NYMPHES DE VÉNUS.

> *La vérole, ô mon Dieu, m'a criblé jusqu'aux os!*
>
> Ces paroles sont tirées de M. *Robé de Beauvezer*, dans son *débauché converti.*

Aimer le plaisir jusqu'à s'en rendre la victime, lui sacrifier ce qu'on a de plus cher, ne point craindre la mort, pourvu qu'on la reçoive au sein de la volupté, c'est un héroïsme dont il est sans doute, peu d'ames privilégiées qui en soyent susceptibles.

Combien plus admirable n'est pas cet héroïsme dans un sexe aussi foible, aussi délicat que le nôtre?

Et ce fut à ce période, mes cheres filles,

que le poussa l'illustre compagne que nous regrettons, l'incomparable Justine.

Aussi croirois-je avoir déja fait son éloge, en lui attribuant ces paroles de mon texte : *la vérole, ô mon Dieu, m'a criblé jusqu'aux os !*

Mais, j'ai moins voulu entreprendre son panégyrique que votre instruction.

Eh ! comment mieux vous instruire qu'en vous rappellant les merveilleuses qualités de cette héroïne ?

Je vous retracerai ses fatigues incroyables dans une carriere où elle est entrée dès sa plus tendre enfance, son courage dans les attaques, sa fermeté dans les traverses, sa constance dans les disgraces, sa modestie dans les triomphes.

Je couronnerai son front de lauriers moissonnés par ses mains.

Je vous peindrai surtout sa mort, circonstance la plus glorieuse de sa vie.

Justine nâquit de parens pauvres, mais vigoureux.

Consumés tous deux d'une maladie héréditaire, ils n'en conçurent l'un pour l'autre, qu'une passion plus violente, ils confondoient leurs maux ensemble & ils les oublioient.

Des plaisirs si réitérés conduisirent bientôt

au lit de la mort les dignes parens de l'Incomparable Justine.

S'y voyant sans ressource, sans espérance de toutes les Facultés du monde, ils appellerent leur fille, cette chere Justine, qui comptoit alors douze ans.

" Fruit précieux de notre tendresse, lui dirent-ils, nous n'avons plus qu'un instant à vivre, & nous ne saurions mieux l'employer qu'à vous donner un conseil qui fera le bonheur de votre vie, si vous le suivez.

„ Comptez pour rien tous les jours que vous n'aurez pas consacrés au plaisir. Qu'importe qu'il soyent longs, s'ils ne sont pas remplis !

„ Croyez-nous, cher réjetton de notre amour, nous n'avons point d'intérêt de vous tromper en ce moment.

„ Puisse cette maxime être à jamais gravée dans votre cœur ! Puisse-t-elle vous être rappellée sans cesse par l'image de notre mort ! "

A ces mots, les dignes parens de l'incomparable Justine ramassent leurs forces, ils s'entrelacent; leurs ames s'unissent, & ils expirent.

Le tableau étoit frappant.

Justine, d'un coup d'œil rapide en saisit tous les traits.

Elle n'en exhala point sa douleur en vains soupirs; elle n'en versa point des larmes inutiles.

Que le préjugé se taise ici; respectons les actions d'une héroïne, & ne les mesurons point sur celles du foible vulgaire.

A l'aide du grossier artisan, constructeur du cercueil qui devoit recevoir le corps des deux époux sur cet autel funéraire, JUSTINE offrit à leurs manes un sacrifice plus doux pour elle & plus agréable pour eux (*a*).

Elle sentit alors l'utilité des avis d'un pere & d'une mere mourans; elle découvrit en elle une source intarissable de volupté: elle comprit qu'en lui dictant cette maxime, ses parens lui avoient laissé l'héritage le plus précieux.

Elle ne s'en tint pas à ces premiers essais; ses succès s'étendirent bientôt; sa réputation & sa beauté lui acquirent des esclaves distingués.

_____

(*a*) Selon *George Interiano*, Génois, les Scythes ou Tartares Circassiens croyent si peu qu'il soit honnête de pleurer les morts, qu'une femme seroit déshonorée chez eux, si elle étoit seulement convaincue d'avoir seulement soupiré aux obséques de son mari, auxquels on a coutume, entr'autres réjouissances, de déflorer à la vue de tous les assistans une fille de 12 à 14 ans, comme pour *narguer la nature*.

Tous les jours de fa brillante jeuneffe étoient marqués par de nouveaux triomphes.

Il eft dans la bonne ville de Paris, dans cette Capitale de la noble France, un temple confacré à Venus, école des talens, du goût & des plaifirs, où de jeunes prêtreffes font formées aux arts aimables qui peuvent émouvoir les fens & les féduire.

Les unes charment l'oreille en célébrant les louanges de leur Déeffe ; d'autres par des danfes paffionnées, en rappellent les aventures, en peignent les fituations les plus voluptueufes, toutes s'efforcent à l'envi d'allumer dans tous les cœurs ce beau feu, ame de l'univers, qui tour-à-tour le confume & le reproduit.

Le mérite naiffant de JUSTINE le fit admettre dans cet aimable Séminaire.

Elle y perfectionna fes difpofitions précoces au plaifir ; elle ne tarda pas à trouver l'occafion de les faire valoir & de les dévéloper avec éclat.

Le Turc étoit venu dans ce tems à Paris rendre hommage à la puiffance du ROI.

Vous connoiffez le renom de cette nation de *Muftapha*, MES CHERES FILLES, &, s'il n'eft aucune de vous qui ait reçu les embraffemens de quelqu'un de ces étrangers, fi vous ne favez pas par expérience, quels héros ce sont dans les champs de Vénus, ce n'est pas que vous n'avez entendu parler souvent de leurs exploits.

Ce temple même, ce *Serrail* qui emprunte son nom d'*eux*, vous retrace l'image de leur valeur : il atteste quels sectateurs ardens ils sont de la Divinité que nous adorons toutes.

Mehemet Effendi, Ambassadeur de la *Sublime* Porte, excelloit par dessus tous ses compatriotes ; jamais femme n'avoit encore eu l'honneur de le mettre aux *abois*.

Nouvel *Anthée*, ses chûtes sembloient lui donner de nouvelles forces : on eut dit qu'il sortoit du combat toujours reposé, toujours frais, toujours neuf.

Déja les compagnes de l'incomparable JUSTINE avoient été défaites par ce superbe vainqueur.

Elle s'offrit à son tour avec confiance sur le champ de bataille ; une nuit entiere elle soutint les assauts de l'impétueux *Musulman*.

Enfin, elle l'attaqua elle-même ; le pressa, le terrassa, l'anéantit : le Taureau *Turc* baissa sa lance, il s'avoua vaincu.

Quel triomphe ! MES CHERES FILLES ! cette mémorable action fut gravée, en caracteres d'or, dans les fastes de CYTHÈRE.

Mais qu'un grand nom est un pesant fardeau ! il attire à-la-fois & l'admiration & l'envie.

Justine, l'incomparable Justine ne l'éprouva que trop.

Elle fut obligée de quitter un séjour où la jalousie empoisonnoit sa gloire & son honneur; elle résolut de voyager.

Paris, (& il n'y a qu'un Paris dans le monde) Paris ne devoit pas posséder seul une si rare merveille.

Plusieurs nations furent les témoins de ses exploits. Les héros les plus fameux de l'Europe luttèrent tour-à-tour contr'elle & furent défaits.

L'incomparable héroïne de Cythère, Paphos, Amathonte, parcourut l'Angleterre, l'Italie, l'Espagne, l'Allemagne, la Suéde, la Russie, tous les pays du Nord & du Midi.

Etrangere en ces contrées, la différente façon de combattre les peuples qui les habitoient, ne lui parut pas nouvelle.

Flegmatique avec l'Anglois, grave avec l'Espagnol, emportée avec l'Allemand, à la glace avec les gens du Nord, elle se fit toute à tous, comme dit *St. Paul*, s'offrit partout & triompha de tous.

Elle termina ses voyages par l'Italie : elle

fut à Rome, cette Reine du monde, ce centre de la paillardife. Là, MES CHERES FILLES, fous la pourpre, gît la luxure la plus effrénée. Là de pieux fainéans confacrent leurs loifirs au rafinement des voluptés. Là des vieillards blanchis fous le harnois de Venus, femblent ne plus vivre, ne plus refpirer que par le plaifir.

Quel champ de gloire à moiffonner pour notre compagne ! mais auffi quels travaux ! il lui fallut pratiquer toutes les marches, toutes les contre-marches des Italiens, fe mettre en garde contre toutes leurs rufes, faire une guerre d'artifice, d'autant plus pénible qu'elle eft plus longue; enfin fe montrer auffi profonde dans l'art des Arétins que l'Eminence la plus confommée.

On ne peut refufer à JUSTINE cette fameufe couronne qu'autrefois les Scipions & les Emiles alloient recevoir au Capitole, & qui depuis a été confacrée aux grands artiftes, aux hommes célébres dans tous les genres.

Il faut l'avouer pourtant : fi JUSTINE avoit toujours l'avantage, JUSTINE n'étoit pas toujours invulnérable. Elle revint couverte de lauriers; mais ces lauriers couvroient des bleffures, & fi, à vingt-deux ans, elle comptoit plus de succès que n'en compta la fameuse *Ninon* de *l'Enclos* après un siecle de vie, ou plutôt s'ils étoient déja innombrables, ses cicatrices l'étoient auſſi.

Parlons sans figures. Ses parens., en lui transmettant cette vigueur & cet amour de la volupté, quanlités héréditaires dans sa famille, lui avoient transmis une maladie qui en est le fruit.

Cette maladie, née avec elle, fomentée par le plaisir, accrue par les veilles, étoit devenue incurable par les travaux & les fatigues de notre héroïne.

Toute fois, elle sembloit l'avoir respectée jusques-là, mais ce levain malheureux, mêlé aux levains étrangers qu'elle avoit ramaſſés de toutes parts, vint à fermenter. Déja tout l'intérieur de sa machine s'en reſſentoit, la maſſe de ses humeurs en étoit infectée : il ne circuloit plus que du poison dans ses veines au lieu de sang, & JUSTINE pouvoit s'écrier, encore plus que Mr. Robé de Beauvezet : *La vérole, ô mon Dieu, m'a criblée jusqu'aux os!*

Tel étoit son état quand elle revint dans sa patrie. Elle sentit l'horrible ravage qui se faisoit au dedans d'elle-même, & n'en fut pas épouvantée.

Avertie par-là qu'elle n'avoient plus longtems à jouir, elle résolut d'en mieux employer le peu de jours qui lui reſtoient. Heureuſement que ſa figure, quoiqu'altérée par le mal qui la minoit intérieurement, étoit encore ſéduiſante.

C'étoit un bâtiment dont les dehors gracieux, en laiſſant entrevoir des ruines, faiſoient toutefois plaiſir à la vûe & arrêtoient le ſpectateur.

Ses ſuccès recommençoient en cette ville, lorſqu'il lui ſurvint une diſgrace qui épura ſon mérite, mit le comble à ſa célébrité, & nous donna lieu de nous lier de l'amitié la plus étroite.

L'envie triompha cette fois. Cette illuſtre fille fut conduite en cet édifice ſuperbe que la magnificence de nos rois a fait conſtruire pour la retraite des femmes invalides. J'y gémiſſois depuis longtems dans une dure captivité. Sa préſence fit naître la joie dans mon cœur. Je la voyois pour la premiere fois, & je trouvai que la renommée n'en avoit rien dit de trop.

Un coup de ſympathie nous fit ſentir une tendreſſe réciproque, & je fus preſque fâchée d'obtenir une liberté qui m'empêchoit de jouir de la ſociété de cette aimable compagne.

Cependant on eſſayoit de dompter ce courage rebelle. Déja les Esculapes & les Machaons mettoient en œuvre tout leur art pour en arrêter la fougue : ce fut inutilement ; ils devinrent eux - mêmes la victime de l'art de Justine.

Ces foibles humains éprouverent combien il étoit dangereux de voir de trop près ces charmes. Il fallut donner l'essor à une héroïne dont rien ne pouvoit contenir l'impétuosité.

Ce fut alors qu'elle fonda cette maison, qu'elle me prit avec elle pour y présider sous son inspection.

Plusieurs années de la vie de Justine s'écoulerent de nouveau dans des fêtes délicieuses. Je ne sais combien d'illustres amans voulurent partager ses trophées & ses cicatrices.

Je ne vous retracerai pas, mes cheres filles, la derniere partie de sa vie. Vous en avez été les témoins, & votre ardeur à suivre ses exemples, est une preuve de l'impression qu'ils faisoient sur vous.

Vous savez avec quelle intrépidité, elle voyoit approcher à pas lents cette mort, l'écueil des héros, & qui mit le comble à sa gloire.

Soustraite depuis quelques jours à vos regards, c'est surtout dans ces derniers instans qu'elle a montré une fermeté dont je vais vous faire le récit pour votre édification.

Détruite en détail, cette héroïne s'est toujours survécue à elle-même. Elle voyoit peu-à-peu diminuer le nombre de ses membres, & son grand cœur n'en étoit point affoibli. Son ame, retranchée en cet endroit du corps, centre de la vie, où elle a semblé établir son siege, paroissoit avoir abandonné la défense du reste pour veiller à cette partie précieuse.

Imaginez-vous un roi qui laisse piller son palais, & qui immobile sur le trône, ne veut s'ensevelir que sous les ruines de ce dernier attribut de la Majesté.

Mais que vois-je, MES CHERES FILLES ! vos sanglots redoublent ! ils me coupent la parole ! Et quoi, malheureuses ! Des pleurs stériles feront-ils l'offrande que vous présenterez au tombeau de votre *Conciroyenne !* Songez que si quelquefois les larmes sont une preuve de la bonté du cœur, elles le sont encore plus souvent de sa foiblesse.

Le dirai-je ? Je tremble que sous ces regrets que vous arrache le sort de JUSTINE, vous ne déguisiez la crainte d'en éprouver un pareil. Ah ! si mon soupçon étoit réel, MES CHERES FILLES, si quelqu'une de vous avoit cette lâcheté, qu'elle se leve, qu'elle sorte ; elle n'est pas digne de cette maison !

Mais plutôt qu'elle reste ! Qu'elle apprenne que la mort de JUSTINE fut, non la peine, mais la récompense de ses travaux, & qu'il n'est pas donné à toutes de la mériter.

Moi-même qui vous parle, combien de fois ne me suis-je pas vue attachée au lit de douleur ? Combien de fois ne me suis-je point écriée : *La vérole, ô mon Dieu, m'a criblée jusqu'aux os !*

J'en suis revenue autant de fois. Que ne puis-je vous montrer mes anciennes blessures ! — Là, vous dirois-je, une pierre vraiment infernale me fit ces horribles cavités : ici le fer impitoyable détruisoit une partie de moi-même pour sauver l'autre ; par ce canal, affreusement obstrué, des liqueurs brûlantes entraînoient avec mes humeurs, le venin qui les corrompoit. Ma peau, partout cicatrisée, tous mes nerfs affoiblis n'attestent que trop les douloureux frottemens que toutes les parties de mon corps ont essuyés. Actuellement, les yeux caves & troubles, les joues allongées, le front couronné du chapelet fatal, je porte sur moi les symptômes *de la vérole qui m'a criblée jusqu'aux os.*

Vous

Vous le savez pourtant, je suis intrépide : six champions vigoureux se relevent infatigablement à mon service. Puissé-je mériter la mort de la héroïne que nous célébrons ! Puisse mon ame, comme la sienne, s'écouler avec ma subsistance toute fondue, pour ainsi dire, en torrent de volupté !

Je n'exige pas ces souhaits de vous, MES CHERES-FILLES ! si l'espoir d'une mort glorieuse fait les héros, l'espérance de l'éviter soutient le commun des guerriers. C'est cette espérance qui doit vous animer, MES CHERES FILLES.

Déja les portes s'ouvrent, quelques équipages entrent dans nos cours ; des essains de fous en sortent ; ils amenent avec eux la joye & les plaisirs.

Essuyez vos pleurs, rasférenez votre visage ; que l'enjouement & les graces s'y peignent de nouveau : reprenez vos sacrifices ordinaires que le plus pur sang des victimes efface les larmes dont les marbres de ce sallon pourroient être souillés, & songez surtout que ce n'est qu'en imitant JUSTINE que vous honorerez sa mémoire ! Amen.

COUP D'ŒIL HISTORIQUE SUR LA GÉNÉALOGIE DES PRINCIPAUX PAIRS MODERNES DE FRANCE.

Gérault *Bastet* (*a*) fut annobli par l'Evêque de Valence en 1304. Il étoit fils de *Jean Bastet*, apothicaire de Viviers, qui, en 1300, selon les registres du Parlement, acheta la terre de Cruffol des héritiers de cette maison.

Nicolas de la Trémouille, que son esprit divertissant avoit mis en faveur auprès de Charles V, fut annobli par lettres patentes en 1375. Un torrent de biens & de grandeurs enfla bientôt cette petite source.

Maximilien de Bethune est traité d'homme de néant par le Maréchal de Tavannes dans ses mémoires. *Jean de Bethune*, son pere, étoit un aventurier qui se disoit venir d'Ecosse. On l'appelloit *Bethon*, suivant la prononciation étrangere. Les additions aux mémoires de Caf-

---

(*a*) Véritable nom des Ducs d'Uzès.

telnau, infinuent l'incertitude de fon origine, en difant que les *Bethunes* d'Ecoffe fortoient des *Bethunes* de Flandres. *Jean* de *Bethune*, fon pere, débaucha *Jeanne* de *Melun*, fille du Seigneur de Rofni, & l'époufa. Le Généalogifte André Duchefne les fit enfuite defcendre des *Bethunes* de Flandres, & en fut bien récompenfé.

Luines, (*a*) *Brantes* & *Cadenet*, étoient trois freres qui n'avoient qu'un manteau, qu'ils portoient tour-à-tour, lorfqu'ils alloient au Louvre. Le pere *Honoré Albert* étoit Avocat de Mornas, petite ville du Comtat, où les Avocats font qualifiés nobles. Jamais fortune ne fut fi grande ni fi prompte. ——— *Charles Albert* fut Duc de Luines & Connétable : —— *Brantes*, qui avoit plaidé en qualité d'Avocat, fut Duc de Luxembourg, par fon mariage, —— & *Cadenet* fut créé Duc de Chaulnes. On les fait venir à préfent des *Alberti* d'Italie.

Les *Coffé-Briffac* ont beaucoup d'illuftration & peu d'ancienneté. Ils ont prétendu, un tems, defcendre des *Coffé* d'Italie, comme on le voit dans les additions de Caftelnau ; main-

---

(*a*) Leur vrai nom eft *Albert*.

tenant ils veulent venir d'une maison de *Cossé* au pays du Maine.

René Vignerot, (*a*) domestique & joueur de flute chez le Cardinal de *Richelieu*, le servit si adroitement dans ses plaisirs, qu'il consentit à lui donner sa sœur qui en étoit devenue éperdument amoureuse : il lui substitua ensuite son Duché de *Richelieu*. La mere de *Vignerot* avoit épousé en secondes nôces un fauconnier.

La Maison de *Saint-Simon* est d'une noblesse si récente, que tout le monde en est instruit. Un des cousins du dernier feu Duc étoit presque, de nos jours, Ecuyer de Madame de *Schomberg*. La ressemblance des armes de la *Vaquerie*, que cette famille écartelle avec celle des *Vermandois*, lui fait dire qu'elle vient d'une Princesse de cette maison. La vanité du pauvre petit Duc défunt étoit si folle, que, dans sa genéalogie ; il faisoit venir de la maison de *Bossu* un bourgeois, juge de Mayenne, nommé *le Bossu*, qui avoit épousé l'héritiere de la branche ainée de sa maison.

George Vert, du haut de son état (*b*) seroit

(*a*) Vrai nom des Ducs de *Richelieu*.
(*b*) Il étoit étalier-boucher.

bien furpris de fe voir pere de la nombreufe poftérité des *La Rochefoucault.*

Les *Neufville-Villeroy* fortent d'un marchand de poiffon, contrôleur de la bouche de *François* I. Il eft mentionné en la chambre des Comptes en cette qualité. Son fils, Greffier de l'Hôtel de Ville, fut Prevôt des Marchands, & pere de *Nicolas* de *Neufville*, Audiencier & Secrétaire d'Etat. La morgue du Duc de *Villeroy* d'aujourd'hui auroit bien de la peine à s'accommoder d'une fi mince extraction.

Les d'*Eftrées* ne font nobles que depuis 320 ans. Après bien des efforts, on n'a pu rien trouver au-delà.

Les *Boulainvilliers*, *Boufflers* & *Lauzun* n'étoient connus, il y a 200 ans, qu'aux environs de leurs villages.

Les *Gramont* ont enfin fixé leurs armes, & s'en tiennent à la maifon d'*Aure*. — Le Comte de *Gramont* demandoit un jour au Maréchal quelles armes il porteroit cette année-là ? — Ils doivent leur élévation d'abord à *Corifande Dandouin*, leur grand'mere, maîtreffe d'Henri IV ; puis à l'alliance du Maréchal avec le Cardinal de *Richelieu.*

Les *Noüailles* viennent d'un domeftique de *Pierre Roger*, Comte de *Beaufort*, Vicomte de

Turenne, qui les annoblit & érigea en fief un petit coin de la terre de *Noüailles* dont il étoit sorti. — Les *Montmorin* en ont le titre qu'ils n'ont jamais voulu céder. — De *Noüailles*, Evêque d'Acqs, acquit des *Lignerat* une portion de la terre de *Noüailles* en 1556, & en 1559 il acheta l'autre & le château. — La famille de *Montmorin* conserve encore une tapisserie, où un *Noailles* présente les plats sur la table. La tige de cette famille si arrogante étoit bien basse !

Charles de *la Porte*, (*a*) Maréchal de *la Meilleraye*, étoit fils d'un fameux Avocat du Parlement, dont le pere étoit Apothicaire à Partenai. Ce Maréchal, fils de la tante du Cardinal de *Richelieu*, lui dut ensuite sa fortune.

Le Duc d'*Harcourt* sort d'un bâtard d'un Evêque de Bayeux. *Jean* d'*Harcourt-Beuvron* étoit juge de Caen en 1554. son fils fut du nombre des jeunes gens de la bourgeoisie, choisis pour jetter des fleurs à l'entrée d'*Henri* IV dans cette ville, comme le livre des antiquités de Caen en fait foi.

Le Duc d'*Epernon*. — *Rouillac*, grand gé-

(*a*) Vrai nom des Ducs de *Mazarin*.

néalogiste, nous a appris que les *Pardaillans* (*a*) *Monstespan*, viennent d'un bâtard d'un Chanoine de Leytour en Gascogne.

Cantien de *Villars* étoit Greffier de Condrieux en 1486, de même que son pere *Claude* de *Villars*. Son neveu profita des lettres de noblesse qu'il avoit obtenues, & après avoir tenu des terres à ferme, il fut réhabilité le 16 Février 1586.

Les *Poitiers*, Ducs de *Gesvres* & de *Tresme*, sortent du sein du Parlement, & ne sont pas des meilleurs maisons.

D'autres y ont possédé des charges. Un *Jean* de *Mailli* étoit Conseiller en la cour sous *Charles* VI.

Les *Clermont-Tonnere* n'étoient que Conseillers du Dauphin de Viennois; & les autres *Clermont* quels étoient-ils avant le mariage de *François* de *la Chatte* avec la veuve d'un *Polignac*, dont il avoit été domestique?

Telle est l'extraction d'une partie considérable des Pairs du Royaume, dont les deux tiers de ceux d'aujourd'hui sont à peine Gentils-hommes. Cependant ce sont ces gens-là

(*a*) Nom propre des Ducs d'*Epernon*, aujourd'hui éteints.

qui se comparent aux Ducs de *Bourgogne*, de *Guyenne* & de *Normandie* ; aux Comtes de *Flandre* de *Champagne* & de *Toulouse*. Ce sont ce gens-là qui ont cabalé pour mettre les Princes du sang légitimés dans le rang de leurs Pairies ; qui ne se contentant pas de traiter le Parlement avec mépris, veulent faire marcher la noblesse à leur suite, en exiger le titre de *Monseigneur* dans les lettres, lui refuser la main chez eux, obtenir même des distinctions inoüies, & se dispenser de mesurer leurs épées avec les Gentilshommes.

Tout le reste de la noblesse Françoise n'est qu'un assemblage de courtisans inutiles, timides ou vils, & qu'a parfaitement caractérisés M. de Voltaire, lorsqu'il a dit d'eux :

> Ils vont en poste à Versailles essuyer des mépris,
> Qu'ils reviennent soudain rendre en poste à Paris.

En France tout le monde prend impudemment le titre de Marquis, Comte, Vicomte ou Baron, ainsi que la qualification de *très-haut & très-puissant Seigneur*.

Les curieux conservent comme une piece rare le billet d'enterrement de la femme du Sr. *Beaujon*, où le financier parvenu, prend un pareil titre.

Il porte : " Vous êtes prié d'aſſiſter au con-
voi, tranſport & enterrement de *très-haute*
& *très-puiſſante Dame, Eliſabeth Bontemps*,
femme de *très-haut & très-puiſſant Seigneur*
Nicolas Beaujon, Conſeiller d'Etat, Secrétaire du Roi, maiſon, Couronne de France
& de ſes finances, Receveur-Général des
finances de la Rochelle, &c. "

On a trouvé ces titres ſi curieux & ſi contradictoires, que ce billet d'enterrement eſt devenu piece de Bibliothéque, & qu'on veut le faire paſſer à la poſtérité la plus reculée.

On connoît la niche que fit à tous ces Marquis, Comtes & Barons, l'Abbé Terray qu'on n'auroit pas cru plaiſant. On ſait que ce Contrôleur-Général travailloit ſans relache à accroître les impôts. Il étoit queſtion de forcer la capitation de Paris : il ordonna aux receveurs de taxer, à raiſon de leur qualité, tous les Marquis, Comtes, Vicomtes & Barons prétendus, & de les ſangler d'importance. Ces ſuppôts affidés remplirent rigoureuſement ſes intentions, au point que la vanité le cédant à l'intérêt, les bureaux des Publicains n'étoient remplis que de gens qui venoient ſe détitrer, & demander grace, mais inutilement. Ils reſtoient ſur les rôles qualifiés malgré eux.

La nobleſſe de France, ſi délicate autrefois ſur l'honneur, a perdu ce bien ſi précieux avec les mœurs. Le luxe, la moleſſe, l'aſſerviſſement ont tout corrompu. La cupidité a rendu les méſalliances ſi communes, qu'il n'eſt, peut-être, pas une maiſon de la Cour qui pût faire des Chevaliers de Malthe ſans diſpenſe, qui ne tienne par les femmes aux financiers. Les Seigneurs appelle cela *prendre du fumier pour engraiſſer leurs terres*. Le proverbe dit: *Que ce n'eſt pas la truïe qui annoblit le cochon, mais bien le cochon la truïe.*

Cela n'eſt rien en comparaiſon des mariages beaucoup plus honteux, dont ils ne rougiſſent pas. Les uns épouſent des Comédiennes, d'autres des filles publiques, ſorties des plus infames lieux de débauche.

On voit la douairiere d'un Duc & Pair, qui a monté ſur les planches (*a*); un Officier-Général (*b*), viſant au Miniſtere & du plus grand mérite, qui a conſacré par l'hymen l'état équivoque d'une fille aimable, auparavant la maîtreſſe d'un Ambaſſadeur d'Angleterre.

(*a*) La *Quinault*, mariée au feu Duc de *Nevers*.
(*b*) Le Comte d'*Hérouville* qui a épouſé *Lolotte*, maîtreſſe du Comte d'*Albemarle*, mort à Paris.

On voit un brave militaire (*a*) demandant l'agrément de fon corps pour s'unir à une éleve de la *Paris*, & l'obtenant par une infamie encore plus grande.

On voit un autre gentil-homme, d'une nobleffe antique (*b*) confentant à donner fon nom à la concubine & aux bâtards d'un Miniftre, & parvenant par cette voye aux grades & aux honneurs militaires.

On en voit un autre époufant la fille de cette même Concubine. On entend qu'on veut parler du Marquis de *Chambonas*. On dit, dans le tems, que la mere du noble Marquis étant allée avec lui faire part du mariage au Maréchal Duc de Biron, leur parent, ce

---

(*a*) Le Marquis de *Clément*, ci-devant Marquis de *Montiers*, defcendant du premier Maréchal de France, capitaine des Carabiniers, a époufé la de *Varennes* éleve de la fameufe *Paris*. Sentant la baffeffe de cette action, le Marquis demanda fa démiffion, & fon corps, inftruit du motif, confentit à fon mariage, fous prétexte que cette fille riche lui faifoit fa fortune. Mais il falloit, ou renvoyer M. de *Montiers*, ou fe cottifer & lui faire un traitement pour le conferver à condition qu'il ne feroit pas cette fottife.

(*b*) Le Marquis de *Langeac*, qui a époufé la *Sabbatin*, maîtreffe du feu Duc de *la Vrilliere*, à condition qu'il n'y toucheroit pas, & qu'elle refteroit toujours confacrée aux plaifirs de Monfeigneur.

Seigneur-ci, très-haut, en fut si piqué, qu'en leur préfence il fit monter fon Suiffe, & lui dit : " Quand Madame ou Monfieur fe pré-
" fenteront pour me voir, vous leur direz
" que je n'y fuis pas. "

Enfin on a vu prefque fur le trône cette femme, d'abord proftituée à la canaille & aux valets, dont les charmes mis enfuite à l'encan par un entremetteur adroit, ont ébloui le Monarque enivré de fes careffes, lui revendiquant les hommages de fon augufte famille, & fe donnant en fpectacle à l'Europe entiere.

On entend qu'il eft queftion ici de la Comteffe *Du Barri*, fille d'une Cuifiniere & d'un Moine, livrée de bonne heure au libertinage, accueillie enfuite par le Comte *Du Barri*, qui, après s'être raffafié de fes appas, la communiquoit aux Seigneurs de la Cour pour de l'argent, & manœuvra fi bien qu'il la mit, comme on fait, dans le lit du feu roi.

Au décintrement du Pont de Neuilly en 1772, fête où l'on s'attendoit à voir briller Madame la Dauphine, à qui elle auroit du être deftinée; la *Du Barri* en fit exclure cette Princeffe, afin d'y jouer le premier rôle. En forte qu'on n'y vit perfonne de la famille royale : & des Princes du Sang, il ne s'y trouva que le feul Comte de *la Marche* qui eut la baffeffe de donner la main à la favorite. Du refte, tous les Ambaffadeurs y affiftoient, & une foule d'étrangers, accourus pour ce fpectacle annoncé avec le plus grand éclat.

Un mariage moins infame, mais très-difproportionné & d'un ridicule fingulier, eft celui de la Ducheffe douairiere de *Chaulnes*, avec un Maître des Requêtes, du nom de *Giac*.

Cette folle, très-renommée pour fes fcandales avec fes divers amans, & furtout avec l'Abbé de *Boismont* (a) donnant aujourd'hui dans la dévotion, n'a trouvé que ce moyen de concilier fes fcrupules avec fon amour. Au furplus, elle n'a fait que rentrer dans l'état dont elle eft fortie.

Tout le monde fait que la vieille douairiere eft fille d'un certain *de la Moffon*, parvenu du néant à une grande opulence, & fi vain, qu'il eft mort de chagrin de n'être pas Gentil-homme. Il avoit eu la fottife de vouloir donner fa fille à un homme de la Cour. On a fait fur le mariage de la vieille Ducheffe avec

---

(a) Membre de l'Académie Françoife, ci-devant Prédicateur dont elle fuivoit les fermons pendant le jour, & avec qui elle couchoit la nuit.

Giac, l'épigramme suivante, très-grossiere; mais bonne.

> Si je quitte le rang de Duchesse de *Chaulne*,
> Et le siege (*a*) pompeux qu'on accorde à ce nom,
> C'est que *Giac* a le vit long d'une aulne,
> Et qu'à mon cu je préfere mon con.

L'honneur militaire en France n'est pas mieux conservé que l'honneur civil.

On remet à la décision des Magistrats des querelles qui se feroient autrefois lavées dans le sang. — Par exemple, le procès du Comte de *la Luzerne* contre le Sr. de *la Maugerie* où tous deux s'accusent d'avoir voulu s'assassiner réciproquement. — Le procès du Comte de *Menon*, Gouverneur du château de Nantes, contre le Sieur de *Foucault*, major d'un régiment, où le premier accuse le second de lui avoir volé 40,000 livres, &c.

On crée une place de Directeur-Général de la guerre, pour un Officier Général convaincu d'avoir trahi l'Etat; & lorsque, sur la reclamation des Maréchaux de France, on l'a destitué de ce poste, on lui confie le commandement d'une grande Province.

On sent sans peine que nous voulons parler

(*a*) Le tabouret, dont les Duchesses jouissent à la Cour.

du Comte de *Maillebois*, pour qui le Marquis de *Monteynard*, à peine parvenu au Ministere, avoit créé une place de Directeur-Général de la guerre. Les Maréchaux de France ayant déclaré au roi qu'il n'étoit pas possible de voir sans indignation rentrer dans les emplois militaires un homme qu'ils avoient condamné comme coupable de l'accusation intentée contre lui par le Maréchal d'*Eſtrées* ; S. M. ne voulut pas permettre que le Comte en exerçât les fonctions, & puis après, la toute-puissante *Du Barri* lui fit donner le commandement du Languedoc.

On donne la croix de *Saint-Louis* à un jeune Officier, dont tout le mérite est d'être bâtard d'un Ministre, au moment où il vient d'être déshonoré par une rixe humiliante. C'est le Comte de *Langeac*. Quoique, de sa vie, il n'ait vu le feu, il a déja le prix du sang des guerriers : il est Chevalier & Colonel. S'il n'est pas fameux par des exploits, il l'est par plusieurs-aventures qui ont fait du bruit, si elles ne lui ont pas fait honneur. Entr'autres, celle dont nous voulons parler, pour s'être battu à l'Opéra contre un Sr. *Guerin*, chirurgien-entremetteur du feu Prince de Conti. La croix a été donnée à ce *Langeac*, longtems avant le service prescrit, & au détriment de dix mille Officiers blanchis sous le harnois.

On n'arrache point cette croix à un autre, condamné par un Conseil de guerre, pour avoir prévariqué dans ses fonctions ; pour avoir eu la bassesse de favoriser un vol fait sur le roi, ou plutôt sur l'Etat, d'y avoir participé, & de s'être allié à l'auteur de ce vol.

On comprend de qui nous voulons parler. M. de *Bellegarde*, condamné par le conseil des Invalides, comme ayant favorisé son beaufrere, *Monthieu*, dans le vol fait par celui-ci sur les armes fournies au roi, n'a point été dégradé.

Enfin, cette croix de *Saint-Louis*, récompense du mérite guerrier, se prodiguant souvent aux gens les plus indignes de la porter, est également l'enseigne de la bravoure & de l'infamie.

On voit un Chevalier de cet ordre portant la queue à un Cardinal : on a vu un autre Ecuyer portant la queue à la *Du Barri*.

Un jour, (au sujet du premier) le Marquis de *Conflans*, se récriant contre un tel usage devant le Cardinal de *Luynes* à qui ce même premier portoit la queue, son Eminence pré-
ten-

tendit que cela s'étoit toujours vû ; il assura qu'un *Conflans* n'avoit pas crû déroger par la même fonction. — „ Cela se peut, repartit „ galment le Marquis ; nous avons toujours eu „ dans notre maison de pauvres *heres*, dans le „ cas de tirer le Diable par la queue. "

On voit des croix de *Saint Louis* à la tête des maisons de jeu, des tripots, des bordels. En sorte qu'on a dit qu'il étoit presque aussi honteux de l'avoir ou de ne l'avoir pas.

Comment l'honneur François peut-il se conserver au milieu de tant de bassesses & de lâcheté ? La noblesse manque d'énergie ; les militaires sont aveuglément asservis au despotisme : — Eh ! qui, en les voyant, peut manquer de s'écrier :

O homines ad servitutem natos !

NOTICES CURIEUSES SUR QUELQUES-UNS DES PLUS RENOMMÉS Plutus de France, MORTS ou VIVANS.

Bouret. Il est fils d'un *Bouret* qui a été laquais de M. *Fériol*, Ambassadeur de France à la Porte, & qui avoit épousé la femme de chambre de Madame *Fériol*. Ce laquais étoit fils d'un paysan, originaire de Mantes. Il est mort Secrétaire du roi du grand Collége. Monsieur son fils a l'esprit d'intrigue au suprême dégré, d'ailleurs dévoré d'ambition, ou plutôt curieux de faire du bruit, & d'occuper de lui la renommée. On ne sauroit nombrer les millions que ce fils de laquais a volés & mangés.

Voici sur ce monsieur *Bouret* une anecdote, qui prouve que rien ne coûtoit à ce Seigneur, quand il se mettoit en tête de réussir dans ses projets, & de s'attirer les regards benins de son maître dont il avoit l'honneur d'être connu & passablement aimé.

Le roi ayant trouvé un lieu dans la forêt de

Sennar propre à un rendez-vous de chasse, le courtisan délié achete le terrein, y fait bâtir un pavillon admirable, connu sous le nom de *pavillon du roi*, & sacrifie sa fortune pour avoir l'honneur d'y recevoir S. M. & de l'y voir manger une pêche.

Par un destin bizarre, digne d'un pareil homme, lorsqu'il jouissoit du bonheur de posséder son maître chez lui, ses créanciers saisissoient ses meubles à Paris.

Ce *Bouret* est mort : on a cru qu'il s'étoit empoisonné.

Monsieur son frere, *Bouret* de *Valroche*, est moins adroit, mais plus insolent. C'est lui qui aux fêtes données pour la paix en 1763, eut l'imprudence barbare d'écraser la voiture de la Comtesse de *Roure*, qui lui crioit miséricorde, en ordonnant à son cocher de pousser toujours : il fut rayé 24 heures en punition, & madame de *Roure* eut la générosité de demander grace pour lui.

Bragouse, originaire de Languedoc, natif de Montpellier, vint à Paris sans autre équipage qu'une trousse, garnie de rasoirs. Il débuta comme la plupart des gens de son pays, il se mit garçon-barbier.

Le fyftême lui fit quitter fa boutique pour aboyer dans la rue *Quincampoix*, où il gagna rapidement de quoi faire un bon établiffement. Il époufa une blanchiffeufe qu'il aimoit, & peu de tems après, il acheta une charge de tréforier de la maifon du roi, dont il ne paya que la moitié, n'ayant pas de fonds fuffifans, ce qui dans la fuite a fait fa ruine.

Ce *Bragoufe* eft mort fort gueux contre l'ordinaire de fes confreres.

———

Dangé. On prétend qu'il a été garçon d'auberge ; d'autres lui donnent une naiffance plus relevée, & le font fils d'un tonnelier, enfuite Commis de M. *d'Argenfon* le pere, alors Lieutenant de Police, puis Garde des fceaux. Sa place lui a coûté 200,000 livres pour la puiffance qui la lui a fait obtenir.

Dangé avoit marié fa fille qui eft morte, au Marquis de *Paulmy d'Argenfon*, alors Ambaffadeur en Suiffe, & depuis Secrétaire d'Etat de la guerre. Il arriva à ce *Dangé* une aventure à l'Opéra, qui mérite d'être mife ici.

Un jour qu'il étoit à ce fpectacle, le Comte de *Berenger*, Lieutenant-Général & Cordon-bleu, paffa à côté de lui ; *Dangé* le prit pour un de fes amis & lui donna un foufflet, politeffe établie entre les gens de son espece ; mais s'étant apperçu de sa méprise, il se jetta aux pieds du Comte, & lui demanda pardon de son impudence. — Le Comte, qui a une réputation faite, & qu'une pareille espece ne peut offenser, lui pardonna, en lui disant d'être une autrefois moins familier.

Ce *Dangé* est fort riche, fort avare, insolent & fat. Ça été, en son tems, un des plus zélés protecteurs de la *Paris*, chez laquelle il alloit se délasser des fatigues du grand travail des fermes. On a prétendu qu'il ne bornoit point là ses plaisirs, & l'on raconte de lui l'histoire que voici.

Etant, un jour, à sa maison de Puteaux avec quelques jeunes Seigneurs, que le plaisir lie volontiers avec les gens de sa trempe, il se fit un souper fort gai avec des filles, du nombre desquelles étoient les sœurs *Fauconnier*, dont l'une a été maîtresse du Duc de *Grammont*.

La conversation ayant été longtems analogue au caractere & à la situation des convives, *Dangé* changea sur le champ de batterie, & après avoir baisé la médaille, il fit l'éloge du revers. Il vouloit même en venir là-dessus à des éclaircissemens qui n'étoient gueres du goût des Donzelles. Elles trouverent le secret de s'échapper toutes successivement.

La conversation continua sur le même ton, & l'éloge du C.. fut poussé si loin qu'il fut question d'en faire l'essai. *Dangé*, qui en avoit été l'apologiste, s'élança sur le champ de bataille & demanda un champion. A soixante ans ! Le croira-t-on ? L'infâme servit de plastron à la plus affreuse crapule ! Ce trait parvint au Roi, qui en fut extrêmement scandalisé.

Ce *Dangé* est mort, depuis peu, très-âgé & fort riche.

―――

De Delay de la Garde, natif de Paris, & fils de *Delay*, commis de l'Hôtel des fermes. Celui-ci, originaire de Suisse par son pere, qui étoit Suisse de porte du Cardinal de *Bonzi*, mourut dans son emploi & laissa sa veuve sans bien. Son fils, pour commencer, fut placé en qualité de surnumeraire dans le bureau du Sr. de l'*Epineau* où il a versé à boire. Devenu un des premiers commis du Contrôleur-général *Desmaretz*, c'est dans cette place qu'il s'est avancé par son assiduité au travail. Il a fait une fortune considérable, au moyen des différens changemens arrivés par les nouvelles mutations & érections d'offices, ayant toujours été chargé du recouvrement de la finance. Le bonheur & les circonstances, plus que sa capacité, qui est médiocre, le firent parvenir-peu-à peu à une charge de payeur des rentes. Il trouva moyen de revêtir d'une pareille charge *Roussel*, son beau-pere, qui étoit fripier aux halles, & dont la fille lui avoit apporté 150,000 livres en mariage. Il se fit ensuite Secrétaire du roi du grand college. Il lui en coûta 120,000 livres pour la place de Fermier-Général.

C'est un petit homme, d'une physionomie assez heureuse, aimant beaucoup sa personne, d'une politesse extraordinairement affectée, mais d'un entêtement sans exemple, & assez heureux sans raison. Il n'est point du tout au fait des finances des fermes, au reste vétillard & défiant. Il seroit peut-être plus généreux sans femme, dont l'économie va jusqu'à la lésine.

Ce de *Delay* a deux fils dont l'un est déja reçu dans la charge de payeur de rentes, & a la survivance de la place de Fermier-Général. L'autre est Conseiller du Grand-Conseil, Maître des requêtes, & Commandeur de l'ordre de St. Lazare. Ce dernier est fort aimable & aussi généreux que son frere est ladre. Son pere avoit obtenu un ordre du roi pour l'envoyer à la Fleche, où il n'a été que six mois, à cause d'une amitié plus d'esprit que de corps qu'il vouloit contracter avec une Mlle. de *St. Phalier*. Il en a coûté au Sr. de *la Garde* pere, 60,000 livres pour racheter les droits de cette Demoiselle sur le cœur de son fils.

Le portrait qu'on fait ici du cadet est vrai, & contraste absolument avec celui de l'aîné, qui a sçu inspirer à sa femme l'esprit d'avarice qui le guide, & qui perce à travers sa hauteur & la magnificence qu'il affecte.

―――

Gaillard de la Bouexiere, homme de basse extraction, qui avoit été laquais & ensuite valet-de-chambre d'un Seigneur, qui lui fit donner de l'emploi pour récompense de ses services. Il fut d'abord employé dans les domaines où il s'attacha si bien qu'il y devint en fort peu de tems très-habile. Il a été Fermier-Général. C'étoit un grand travailleur, qui ne parloit pas beaucoup, extrêmement dur.

Son fils a eu la survivance : quoique très-borné & des plus grands bourrus qu'il y ait, il donne dans les curiosités.

La Bouexiere a cédé sa place, à son fils, &

s'eſt retiré à Gagny, où il fait une figure de Prince.

Son fils eſt garçon : il a fait bâtir un palais énorme au pied de Montmartre. L'édifice eſt ſans goût, mal diſtribué ; les dedans ſont d'une richeſſe immenſe. Il y a pour 25,000 livres de bras de cheminée, & pour 600,000 de glaces. Il n'y a que ſix pieces. Ce Louvre ſe réduit à un petit appartement de garçon.

―――

Durey d'Arnoncourt, eſt d'une bonne race de médecins, de Beaune, fils d'un receveur-général de Finances du Comté de Bourgogne, dont il poſſéde les deux charges. Sa nomination à la ferme générale eſt le prix du mariage de ſa fille avec l'intendant de Paris, *Berthier de Sauvigny*, neveu du feu Contrôleur-Général *Orry*.

Ce *Durey* eſt très-peu au fait des finances des fermes qu'il n'entend même point, & par-conſéquent il n'eſt point chargé du travail, étant d'ailleurs aſſez occupé de ſes maîtreſſes aux quelles il donne tout ſon tems & très-peu d'argent. Ses galanteries ne l'empêchent pas d'être ménager dans ſon domeſtique, & dans tout ce qu'il fait : cela va juſqu'à la léſine. Il eſt incapable de faire du bien, ſi non à quelques mauvais complaifans qui ont l'art de flatter fes deux paffions favorites, l'avarice & le goût des femmes. Il ne voit gueres que ceux qu'attire fa table, qui pourtant eft très-médiocre. Il fait l'homme d'efprit, citant à tout propos des vers & du latin ; mais il n'eft qu'un fot. Il lui en a coûté plus de 100,000 livres, pour fe faire conferver dans le bail de 1740. Il eft frere de *Durey* de *Sauroy*, ci-devant tréforier de l'extraordinaire des guerres, du Préfident *Durey* & de *Durey* de *Noiville*, maître des requêtes.

Il eft d'une richeffe immenfe, ayant plus de 400,000 liv. de rentes. Il n'a qu'un fils, qui a été obligé de s'expatrier par rapport à des dettes qu'il eft honteux à fon pere de ne pas payer, & qui font peu confidérables. Il a mieux aimé le voir errant, perdre fa jeuneffe, fans fe rendre capable de rien, que de faire le moindre effort pour lui. Sa femme s'eft retirée à Morfan, pour n'être point temoin d'un déréglement qu'il punit févérement dans fon fils, après lui en avoir donné l'exemple.

———

Etienne d'Augny, originaire de la ville de Metz, d'une famille de robe, de laquelle il y a eu deux Préfidens à Mortier au Parlement de la même ville. Il avoit un frere & deux coufins fort avancés dans le fervice.

Quant à lui, quoiqu'il fut d'une capacité médiocre, il avoit toujours été dans les emplois les plus beaux, où fon affiduité & la protection fuppléerent au talent. Au furplus, *d'Augny* étoit le meilleur homme du monde & le plus humain. Incapable de fatuité, il fentoit en cela fa naiffance & la bonne éducation qu'il avoit eue. Il étoit fort fage & fans paffion pour les femmes ni le vin; il mangeoit beaucoup.

Son fils a eu de fon vivant la furvivance de fes places. Il ne reffemble pas à fon pere, car il aime fort les femmes, & a une maîtreffe qui lui coûte beaucoup. C'eft la *Gogo*, qui a brillé autrefois fur les traiteaux de l'Opéra-Comique, & qui eft actuellement à la Comédie Françoife.

Il a un hôtel magnifique à la Grange-bateliere, avec petits appartemens, comme chez le roi, manege couvert, bains, baffe-cour, &c. &c.

Ce *d'Augny*-là a époufé depuis une petite chanteufe, nommée *la Liancourt*, bâtarde d'une actrice de l'Opéra, (*Duval*) connue fous le nom du *bout-faigneux*.

Fillion de *Villemur*, originaire de Rheims, avoit été dans les plus petits emplois des fermes, & de dégre en dégré parvint si rapidement aux plus grands, qu'à peine a-t-on le tems de le suivre dans le cours de sa fortune.

Il a rempli divers postes importans de la finance. C'étoit un très-habile homme dans son métier. Il étoit d'une politesse infinie, mais un peu trop affectée. Il étoit vain, fier, d'une ambition démésurée & d'une richesse immense. Le systeme a eu beaucoup de part à sa fortune, ayant eu beaucoup d'actions de la premiere main.

Il avoit épousé une fort belle femme, qui sortoit du Couvent le jour de ses noces. Comme il aimoit passionnément sa femme, il ne voulut point attendre la nuit pour jouir des droits matrimoniaux. Il prit si bien son tems qu'il l'emmena dans son cabinet, où il goûta les plaisirs de la volupté permise.

Comme il voulut le lendemain mettre son caleçon de toile d'Hollande, il vit qu'il étoit tout tâché de l'essence humaine, occasionnée par l'aventure du cabinet. Il voulut en changer, mais sa femme l'en empêcha, en lui disant : *va, mon mari, ce n'est rien, cela se nettoye aisément avec de l'eau.* Ce propos le fâcha beaucoup.

Grimod de la Reyniere, est de Paris. Son pere étoit Fermier-général & originaire de Lyon, d'une petite famille bourgeoise. Il fut mis très-jeune dans les emplois, où il apprit le travail des fermes. Il entend parfaitement ce travail, mais il est d'une violence qui se tourne quelquefois en brutalité, surtout quand il a la goutte, ce qui lui arrive fort souvent. Il est Fermier-général, & aussi Fermier-général des Postes. Il est fort riche; il a une femme d'une impertinence outrée.

Un jour, à un sermon, à l'Eglise St. André-des-Arts, Madame *Grimod* n'avoit que deux ou trois chaises pour établir son individu : elle dit tout haut, *qu'elle voudroit qu'on payât les chaises un louis.*

Un vieil Officier qui étoit debout derriere elle, lui répondit : *Vous avez raison, ma mie, vous paroissez avoir plus d'écus que de cervelle.*

Madame *Grimod* fut reconduite à son carosse

par tout le monde avec ce propos, qui ne l'a pas corrigée.

Monsieur *Grimod de la Reyniere* a marié sa fille à M. de *Malesherbes*, ci-devant Ministre. Le bon parti pour une *Grimod* !

———

Le Riche de la Poupeliere, est fils d'un Receveur-général des Finances. Il a de l'esprit & beaucoup de monde. Il a une assez bonne table, où il rassemble tous les beaux esprits & les gens à talens, à qui il fait du bien par vanité. Il aime beaucoup l'encens : aussi ne vit-il qu'avec des gens qui lui en donnent pour son argent. Quelquefois pourtant il voit la meilleure & la plus agréable compagnie.

Il est fort poli & aimable, quand il n'est pas dans ses jours de caprice. Il aime beaucoup les femmes, la musique, & généralement tous les plaisirs ; ce qui ne le rend pas grand travailleur. Sa bonne mine le fait soupçonner d'être homme à bonnes fortunes. Ce qu'il y a de certain, c'est qu'il est homme à aventures. ——— On se contentera d'en rapporter deux, en faveur du contraste qu'elles présentent.

Un jour, étant à coucher avec la *Hantier* de l'Opéra, aujourd'hui Madame *Truchet*, pour-lors maîtreſſe du Prince de *Carignan* ; ce Prince qui avoit un paſſe-partout de toutes les portes, entra cette même nuit chez elle, & trouva ſa place occupée par le Sr. *le Riche*. Il y eut grand bruit entre ces deux rivaux, ſi peu faits pour ſe rencontrer.

On prétend que le Sr. *le Riche* paya de ſa perſonne, en recevant quelques coups de bâton que le Prince lui fit donner.

Il n'y a pas cependant d'apparence que cela ſoit, d'autant que le Prince s'en ſeroit tenu vraiſemblablement à cette vengeance. Il fut le lendemain à Verſailles demander au Cardinal de *Fleury* de faire chaſſer *le Riche* des fermes, pour avoir eu l'inſolence de ſe trouver avec lui en concurrence. Le Cardinal lui répondit, que le roi ne chaſſoit pas de ſes fermes un bon ſujet pour une pareille cauſe; mais, pour lui donner une eſpece de ſatisfaction, & lui laiſſer la poſſeſſion libre & tranquille de ſa maîtreſſe, s'il étoit poſſible qu'elle voulut ſe contenter de lui ſeul, on envoya le Sr. *le Riche* à Marſeille, où il reſta pendant trois ans, ſous prétexte d'être en tournée. On n'envoya point dans ce pays d'autres fermiers tant qu'il y fut : il y fit une très-groſſe dépenſe, donna beaucoup de fêtes aux Dames, que le regretterent infiniment.

L'autre aventure n'est point de la même espece, ou du moins le Sr. *le Riche* n'y joüe pas le plus beau rôle. L'incident a fait trop de bruit pour être ignoré de personne, mais il manqueroit un trait essentielle au portrait que nous ébauchons, si nous n'en disions quelque chose.

On sait que l'aimable femme de *le Riche* est fille de *Mimi Dancourt*, qu'elle a été dévouée au théatre en naissant, qu'elle promettoit d'en faire un jour les délices, ayant toutes les qualités qu'on peut desirer dans une comédienne. L'amoureux financier l'enleva inhumainement au public. Elle fut, dit-on, sa maîtresse pendant douze ans, & si sa fidélité répondit à sa constance, il la dût, sans doute, à ses profusions. Il crut ne pouvoir payer un attachement aussi rare que par le don de sa main. L'époque de leur union fut la promesse de fidélité qui ne devoit se terminer qu'au tombeau. Tous les jours couloient dans les plaisirs; leurs momens étoient filés d'or & de soye; mais l'heureuse étoile du Sr. *le Riche* ne l'avoit pas dispensé du sort commun des maris. L'esprit & les charmes de sa chere moitié ne purent être ignorés. Un

Un héros (le Duc de *Richelieu*) chéri également de Vénus & de Mars prit du goût pour elle. Une femme n'est point une place forte ; quand elle n'est défendue que par un mari, elle ne tient pas longtems contre un homme accoutumé à plaire & à vaincre.

Madame *le Riche de la Poupelinicre* eut bientôt subi la loi du vainqueur ; mais pour se livrer plus commodément à son aimable *Alcide*, elle trouva le moyen de pratiquer une cheminée à ressorts, par laquelle on passeroit pour entrer dans une maison voisine, louée par un inconnu.

Ce commerce a duré fort longtems, & a été découvert au Sr. *le Riche* par une femme de chambre. Il en a été si piqué qu'il a fait un éclat terrible, & s'est séparé d'avec Madame qui, dit-on, n'est pas fâchée d'être sa maîtresse, pour pouvoir lui procurer toutes sortes de plaisirs.

―――

N. B. On auroit dû dans l'ordre hiérarchique de la finance, placer les receveurs-généraux avant les fermiers ; les premiers se regardant comme bien préférables, à raison de leur ancienneté, de leur existence moins précaire, puisqu'ils sont en charge. Au fait, ils font, de l'aveu de tout le monde, fort inutiles, & ne servent qu'à ruiner encore plus l'Etat par les avances qu'ils font au roi, & qui sont payées énormement cher.

Les plus renommés sont le Sr. *Hardoüin*, connu pour avoir été envoyé par le Contrôleur-général *Laverdy*, pour prendre des renseignemens sur le cadastre dans les Etats où il est établi; le Sr. *Watelet*, membre de l'Académie Françoise, auteur d'un *Poëme sur la peinture*, d'une traduction du *Tasse*, non encore finie; le Sr. *Boutin* dont on va voir les jardins curieux par la réunion des trois manieres à la Françoise, à l'Italienne, à l'Angloise; le Sr. *Bergeret*, ami des arts, & les cultivant avec enthousiasme.

Ne pouvant trop nous appésantir sur aucun objet, passons légérement sur cette multitude de trésoriers-généraux, autres sang-sues publiques dont il faudroit élaguer le nombre, au gré de tous les bons patriotes.

Les principaux sont les Gardes du trésor-royal : places importantes, essentielles, honorables même, qui reviennent à celles de *questeurs* chez les Romains. Le trésor-royal est le fisc public, le vaste réservoir de la machine politique, où se porte & d'où revient toute la circulation.

Les gardes du tréfor-royal forment la tête de la finance. Ils ne font que deux. L'un eft Monfieur *Savelette*, petit-fils d'un Notaire & arriere petit-fils d'un vinaigrier. J'ai été chez lui où fe joue délicieufement la Comédie. J'ai été étonné du concours des Spectateurs & de la magnificence de fes affemblées. Les actrices font, la plupart, des femmes de qualité, douées du talent le plus exquis. Les hommes y répondent. Et ce qui rend ce théâtre récherché, c'eft qu'on n'y repréfente que des pieces de fociété, non encore exécutées nulle part. Le Chevalier de *Châtellux* en eft le principal poëte, & fes ouvrages y ont au moins le mérite de la nouveauté.

L'autre Garde du tréfor-royal eft un *Micault d'Arvelay*, qui, au milieu de fon opulence, eft rongé d'un chagrin cuifant. Envain a-t-il fait faire à fa femme tous les pélérinages poffibles; envain a-t-il eu recours aux divers confeils de la faculté, il ne peut être pere, & fe reproduire dans le fucceffeur de tant de richeffes.

Le tréforier des parties cafuelles a une charge unique. C'étoit le bras droit de l'Abbé *Terray* : auffi ce Contrôleur-général lui a-t-il fait la faveur unique de le fouftraire à toutes les vexations exercées envers ses confreres. En revanche, l'autre l'a bien servi.

Ce trésorier a un premier Commis, le Sr. *Le Seurre*, admirable pour l'invention, un génie fiscal, si jamais il en fût, qui lui a fourni des moyens de toute espece de pressurer la France & de varier à l'infini les tortures politiques.

Quand au titulaire, le Sr. *Bertin*, il ne se mêle que de manger ses gros revenus. Il a des prétentions à l'esprit, il est membre de l'Académie des belles-lettres. On lui attribue quelques petites pieces données aux Italiens, à la faveur de prête-noms soudoyés, pour lui servir de plastrons aux mauvaises plaisanteries du public. Mais sa grande réputation est du côté des filles. Trahi par l'une (*a*), abandonné par l'autre (*b*), il a pris le parti d'épouser une

―――――――――――――――――――――

(*a*) La Dlle. *Hus*, de la Comédie Françoise. Après avoir mangé près d'un millon avec elle, il la trouva couchée avec un jeune homme, dans sa maison à Passy. Bertin fut mal mené par le greluchon, qui mit l'épée à la main, & l'obligea de déguerpir en silence.

(*b*) La Dlle. *Arnoux*, qu'il avoit prise pendant une bouderie de la premiere contre le Comte de *Lauraguais*, auquel elle retourna après avoir bien grugé le financier.

fille de qualité & de terminer par l'hymen le cours de ses débauches.

Parmi les autres tréforiers, on trouve un nom bien remarquable, le fameux *Nouette*, moulin à papier, dont le gouvernement s'eft fervi fi longtems, dont il inondoit le public, eft tombé dans un difcrédit équivalent prefque à ceux des billets de banque.

Parmi tous ces Meffieurs, il ne faut pas oublier les payeurs de rentes, au nombre 64 pour payer environ 64 millions, dont chacun avoit trente ou quarante mille livres de revenu. Il faut convenir que c'eft un peu cher. Auffi Feu l'Abbé *Terray* a-t-il fait main-baffe fur la moitié : mais comme fes démarches n'étoient point guidées par l'équité, que fon génie tranchant & defpotique vicioit fes meilleures réformes, il fit crier les fupprimés au point de les obliger à expofer leur trifte fituation dans un mémoire répandu par la voie de l'impreffion, & pour comble d'injuftice, il vouloit encore les empêcher de fe plaindre.

On rapporte que les Contrôleurs de rentes affociés à la difgrace des payeurs, & les vexés, faute d'entours & d'appui, étant allés en députation pour lui porter leurs doléances, le Miniftre, du plus loin qu'il les vit, fentant bien la scene qui alloit se passer, s'écria de façon à être entendu d'eux : " Qu'est-ce que ,, ces bougres-là me veulent toujours ? " Imprécation indécente, sans doute, qui étourdit ces malheureux, au point qu'ils se retirerent sans oser s'expliquer.

Le banquier de la Cour est bien propre à terminer la marche de tous ces vampires de l'Etat. On en compte cinq successifs, dont les fortunes réunies font une masse d'environ deux cents millions, en un espace d'un demi siecle seulement, & peut-être ces Messieurs en ont-ils mangé autant.

Je ne rapporterai point tout ce qu'on raconte du luxe du premier, qui n'a fait qu'augmenter chez les autres. Je ne citerai qu'un trait du dernier, suffisant pour en donner une idée.

Le Sr. *Beaujon* se couche ordinairement sur les neuf heures ; alors il admet ce qu'il appelle ses *berçeuses*. Ce sont des jeunes & jolies femmes, qui viennent le caresser, lui faire des contes & l'endormir. Elles sont au nombre de cinq ou six, toutes femmes comme il faut, mais bien payées pour cela ; & cette dépense coûte peut-être au financier 200,000 livres de rentes. Entr'autres *berçeuses*, on compte la

Dame *Du Lys*, femme de l'ancien Lieutenant-Criminel; la Baronne de *Cangé*, graces au Sr. *Beaujon*, qui a acheté cette terre à fon mari, ci-devant le Sr. *Fenouillot de Falbaire*, auteur de *l'honnête criminel*.

Quand le Seigneur Banquier eft affoupi, on defcend, on fert un fplendide fouper, & l'on s'amufe quelquefois jufqu'au reveil du Sr. *Beaujon*, qui fe leve à quatre ou cinq heures du matin.

Au moins une pareille vie eft-elle agréable & voluptueufe, elle peut faire envie. D'ailleurs, l'air rebondi de ce Plutus de la France annonce qu'il jouit, & profite de fa fortune.

Il n'en eft pas de même du Sr. de *la Borde*. C'eft un perfonnage cacochyme, vaporeux, dévot, fuperftitieux, avare, & n'ayant peut-être jamais goûté la plus douce fatisfaction des riches, celle de faire du bien, fatisfaction qu'ont eu fes prédéceffeurs, *Samuel Bernard* & *Montmartel*, auxquels il faut rendre juftice.

On ne parle point des fommes que ce *la Borde* a dépenfées pour le Duc de Choifeul, fon protecteur, qui de *porte-balle* qu'il étoit, l'a, tout d'un faut, porté à la tête de la finance, & dont il auroit craint le courroux, ni de l'argent prêté au feu Prince de Conti & autres grands Seigneurs ; ce qui eſt une affaire de faſte & d'oſtentation, dont eſt plaint ce parvenu.

Tous ces millionnaires rougiſſant bientôt de leur naiſſance, cherchent à ſe décraſſer, ſoit en acquérant quelque charge qui donne la nobleſſe, ou par ce qu'on appelle une *ſavonette à vilain*, c'eſt-à-dire, par une charge de Secrétaire du roi. Les fonctions de celle-ci ſont aſſez honorables, mais le corps eſt avili par la multitude de gens tarés dont il eſt rempli.

Quoiqu'il en ſoit, ainſi tirés de la claſſe des vilains (nom conſacré dans tous les hiſtoriens anciens pour déſigner les roturiers) ils achetent de grandes terres ; ils font prendre à leurs fils le titre de Comte, de Marquis ; ils forment des alliances avec la plus haute nobleſſe, & la France eſt parvenue à ce degré de corruption qui fait dire à *Monteſquieu*, dans ſon *Eſprit des Loix*, " que tout eſt perdu „ lorſque les honneurs & les richeſſes ſont ac- „ cumulés ſur une même tête, c'eſt-à-dire, „ lorſque celles-ci menent à la conſidération, „ à l'illuſtration même. "

DIALOGUE PITTORESQUE ENTRE LE COMTE DE LAURAGUAIS ET UN MY LORD, AU SUJET DES CATINS LES PLUS CÉLÉBRES DE LA CAPITALE.

LE COMTE.

LE Colisée sera brillant aujourd'hui, My Lord. On y attend la Reine, *Monsieur*, *Madame*, le Comte d'*Artois*, & toutes nos nymphes ne manqueront pas de s'y rendre, si elles n'y sont déja, car l'assemblée me paroît nombreuse. Entrons dans l'intérieur.

MY LORD.

Que vois-je, Comte ? Vous palissez ; vous soupirez à l'aspect de la premiere femme qui se présente !... C'est Mlle. *Arnoux*, autant que je puis me la remettre.

LE COMTE.

Ah ! My Lord, je ne puis la voir sans être ému, tant l'habitude a de force sur nous ! Est-il possible que j'aie été aussi longtems fou de cette figure-là ; que je lui aye sacrifié la plus aimable, la plus jolie, la plus vertueuse de toutes les femmes !

MY LORD.

A vous dire vrai, celle-ci n'a rien de merveilleux : une figure longue & maigre, une vilaine bouche, des dents larges & déchauffées, une peau noire & huileuse, je ne lui vois que deux beaux yeux.

LE COMTE.

Eh, oui ! deux beaux yeux n'ont qu'à parler : *Delicta juventutis meæ ne memineris, Domine !*

MY LORD.

Au surplus, elle est très-bien au théâtre ; elle a peu de voix, mais beaucoup d'onction, & d'ailleurs elle joue supérieurement comme actrice. On dit aussi qu'elle a de l'esprit.

LE COMTE.

Surtout de celui qu'il me faut, du méchant, du polisson.

MY LORD.

On m'a raconté d'elle un calembour qui est bien dans le dernier genre, & m'a beaucoup fait rire. C'est à l'occasion de Mlle. de *Château-neuf*, de Mlle. *Château-vieux*, de Mlle. *Château-fort* & autres noms de cette espece : *Tous ces châteaux*, dit-elle, *sont des châteaux branlans.*

Le Comte.

Celui à Mlle. *Veftris* eft auffi fort & plus fin. Cette danfeufe émérite de l'Opéra plaifantoit Mlle. *Arnoux*, lorfque j'avois l'honneur de jouir de fes bonnes graces, fur ce qu'elle étoit groffe continuellement. — Elle lui répondit : *ma chere Camarade, une fouris qui n'a qu'un trou eft bientôt prife.* Ce qui portoit à plomb fur cette *Veftris*, Italienne, qui fe vantoit d'avoir apporté de fon pays la recette pour ne point faire d'enfans.

Sa réflexion dans un cercle de fes femblables, à l'occafion de la mort de *Louis* XV, eft d'une hardieffe qui ne peut fe pardonner qu'à une pareille langue : *Nous voilà orphélines de pere & de mere.* Il faut fe rappeller que la *Du Barry* fut exilée au même inftant.

Il m'en revient encore une autre, qui n'eft qu'un farcafme gai à l'égard de Mlle. *Duplant* (*a*), alors entretenue par un boucher (*b*). Un gros vilain chien, tel qu'un marchand de cette efpece en a ordinairement pour l'accom-

---

(*a*) Chanteufe de l'Opéra, faifant les grands rôles, ceux à baguette principalement.

(*b*) Un nommé *Colin*, qui s'eft ruiné, dit-on, en fe donnant les airs d'entretenir des filles d'Opéra.

pagner, avoit pénétré, par hazard, fur le théâtre de l'Opéra : *tiens*, dit-elle, à fa confœur, *tiens voilà un courier de ton amant.*

My Lord.

Elle foutient donc réellement fa réputation à bons mots ?

Le Comte.

Comme cela : elle eft étourdie & imprudente. Elle hazarde tout ce qui lui paffe par la tête, & dans le grand nombre de chofes qu'elle fe permet, il n'eft pas étonnant qu'il ne s'y trouve quelques faillies heureufes : on oublie tout le mauvais ; celles-ci reftent, on en fait recueil. D'ailleurs, on lui en prête beaucoup.

My Lord.

Quel eft ce jeune homme avec qui elle eft ?

Le Comte.

C'eft un éleve de *Vitruve*, dont elle s'eft amourachée, & qu'elle doit époufer, fuivant le bruit public.

Sur ce qu'on lui reprochoit de s'en tenir, après avoir vécu avec les plus grands Seigneurs, à un fimple architecte : *que voulez-vous*, s'eft-elle écriée, *tant de gens cherchent à ruiner ma réputation, il faut bien que je prenne quelqu'un pour la rétablir.*

Au surplus, on ne sait comment cela s'accorde avec le goût qu'elle affiche depuis quelque tems ; elle est scandaleusement rivale de Mlle. *Raucoux*.

MY LORD.

Quoi ! De cette actrice de la Comédie Françoise, si renommée pour ses impudicités, qu'on appelle dans les curiosités de la foire, *la grande louve*, ou *la laye des bois* ?

LE COMTE.

La voilà, pendant que nous en parlons. Elle est avec Mlle. *Virginie*, qu'elle promene en triomphe, comme un amant feroit à l'égard d'une maîtresse dont il s'honoreroit. Elle l'a enlevée à la premiere, & ce n'est qu'une revanche. Elle sert tour-à-tour aux plaisirs infâmes de l'une & de l'autre.

Vive Mlle. *La Guerre !* Elle est franche du collier. Voyez cette figure ronde & vermeille comme une rose : il y a plaisir à se ruiner pour un minois comme celui-là. C'est en faveur de cette actrice que le Duc de *Bouillon* a mangé 800,000 livres, en trois mois.

MY LORD.

N'est-ce pas celle qui chantoit l'autre jour à l'Opéra dans *Cythère assiégée*. Elle m'a semblé avoir du talent, une jolie voix.

LA GAZETTE

Le Comte.

Elle promet beaucoup. Savez-vous la chanson faite sur elle & son amant? Elle est sur l'air : *Si le roi m'avoit donné Paris sa grand' ville.*

(*il chante*)

Bouillon est preux & vaillant,
  Il aime la guerre ;
A tout autre amusement
  Son cœur la préfere.
Ma foi, vive un Chambellan,
Qui, toujours, s'en va disant :
Moi, j'aime La Guerre,
  O gué !
Moi, j'aime La Guerre.

Au sortir de l'Opéra,
  Voler à La Guerre,
De Bouillon qui le croira ?
  C'est le caractere.
Elle a pour lui des appas
Que d'autres n'y trouvent pas ;
  Enfin, c'est La Guerre,
    O gué !
  Enfin, c'est La Guerre.

A Durfort il faut Du Thé,
  C'est la fantaisie :
Soubise, moins dégoûté
  Aime La Prairie ;

Mais *Bouillon*, qui pour fon Roi
Mettroit tout en defarroi
  Aime mieux *La Guerre*,
   O gué !
  Aime mieux *La Guerre*.

Pour que vous entendiez mieux ce dernier couplet, il faut vous faire connoître les perfonnages. Je pourrois vous montrer le premier ici ; il ne manqueroit pas d'y être, s'il le pouvoit ; mais il a ordre du roi de refter dans fes terres, jufqu'à ce qu'il ait acquitté fes dettes. Une petite anecdote arrivée récemment n'a pu que contribuer à fa disgrace. Il eft grand partifan de Mlle. *Du Thé*, que je vais vous montrer tout-à-l'heure. Celle-ci étoit fort maltraitée dans la facétie que vous connoiffez & que vous m'avez citée (*a*). Un auteur des boulevards, du nom de *Landrin*, avoit imaginé d'en

---

(*a*) Les Curiofités de la foire *St. Germain*. Voici fon article : No. G. ,, *Machine*. Un très-bel automate curieux (c'eft la Dlle. *Du Thé*). Il *repréfente une belle créature, qui fait tous les actes phyfiques, mange, boit, danfe, chante & agit comme une perfonne naturelle, comme un corps animé, doué d'intelligence. Il dépouille un étranger promptement. On feroit flatté de le faire parler. Les connoiffeurs y ont renoncé, les amateurs aiment mieux le faire mouvoir*

faire une piece de théâtre pour *Audinot*. Le titre piquant avoit attiré beaucoup de monde à la premiere représentation. La Princesse en question qui se montre à toutes les nouveautés de ce genre, y étoit. Elle fut cruellement attrapée de se trouver dépeinte de façon à ne pouvoir s'y méprendre : elle en tomba en pâmoison, en syncope.

Cette aventure fit un bruit de Diable parmi ses partisans, & le Duc de *Durfort*, en qualité de son ancien Chevalier, crut devoir en prendre la défense. Il s'arme de pied en cap pour sa Dame, & nouvel *Dom Quichotte* va trouver le Directeur forain. Il veut absolument savoir quel est l'insolent qui a osé jouer Mlle. *Du Thé*. Heureusement pour le poëte menacé de la dangereuse ire du *paladin*, le Sr. *Audinot* tient bon. Alors elle retombe toute entiere sur celui-ci ; il lui est enjoint d'être plus circonspect, & surtout de s'abstenir de mettre en scene la courtisanne, à peine de voir son théâtre mis en pieces, réduit en poudre. Il s'est tenu pour dûment averti, & a fort bien fait de ne pas se jouer à cet étourdi.

Quant à *La Prairie*, elle est diablement verte & marécageuse. C'est le nom d'une de celles qui figurent dans la petite maison de

M.

M. le M{al}. Prince de *Soubife*, & qu'il prend plaifir à faire mettre *nues*. C'eft le coftume chez fon Alteffe, comme chez l'Abbé *Terray*. Vous favez, fans doute, l'hiftoriette arrivée chez ce Miniftre, dans fa fuperbe maifon de la rue *Notre-Dame-des-Champs*. Il la faifoit voir à une perfonne très-aimable, dont ce fatyre en rabat dévoroit les appas. Celle-ci cherchoit furtout un lit fuperbe qu'on évalue à des fommes exorbitantes. Elle y arrive enfin, & trouve un tableau voilé qui s'ouvre & offre le plus beau corps de femme *nue*..... *Ah! fi donc*, *Monfieur l'Abbé*, dit-elle, en s'écriant : *Madame, c'eft le coftume*, répondit-il de fang-froid, lui indiquant ainfi ce qu'exigeoit ce prêtre impudique des malheureufes affociées à fa couche.....

Ah! pour le coup, je vois la *Du Thé*... Admirez cette tête magnifique !

My Lord.

C'eft une beauté froide, muette, une figure moutonniere qui n'infpire rien.

Le Comte.

Vous avez raifon. Il y a beaucoup plus de vanité que d'autre fentiment de la part de ceux qui achetent fes faveurs.

My Lord.

Mais comment cette fille a-t-elle fait fortune ?

Le Comte.

Comme beaucoup de marchands, par la vogue ; & cette vogue lui est venue d'avoir donné les premieres leçons du plaisir à M. le Duc de *Chartres*. Elle étoit alors simple *espalier* d'Opéra, c'est-à-dire, chanteuse & danseuse de chœurs, sous le nom de *Rosalie*.

Il étoit question de former le jeune Prince, avant son mariage, aux exercices de Vénus. *Rosalie* fut acceptée, & mérita de recevoir des complimens de M. le Duc d'*Orléans*.

On a cru pendant quelque tems que M. le Comte d'*Artois* avoit du goût pour elle ; ce qui a donné lieu aux rieurs de dire *que Son Altesse Royale, ayant eu une indigestion* de biscuit de Savoye, *venoit prendre* du thé à Paris.

Ce quolibet a été bientôt répandu, & a excité la rumeur générale. Le public en a conçu une si forte indignation contre cette impure, qu'à *Longchamp* (*a*) s'étant montrée

―――――――――――――――――――

(*a*) *Longchamp* est une Abbaye de filles dans le bois de Boulogne, qui, dans la semaine sainte, sert de point de rallie-

dans un carosse à six chevaux avec l'appareil d'une femme de la plus haute qualité, elle a été tellement entourée & huée, qu'elle n'a pu entrer en file, & que son carosse a été obligé de rétrograder; il a fallu qu'elle s'en allât.

Au fait, je crois bien que S. A. R. en a tâté; mais cela n'a jamais été loin; cependant elle voudroit le faire accroire. Pour le persuader, elle plaisante depuis quelque tems sur un Sylphe à ses ordres, qui lui fait tous les cadeaux qu'elle desire. Elle montre une infinité de bijoux, venus ainsi d'une maniere invisible; &, par des réticences affectées, elle donne à entendre que ce génie bienfaisant & son *esclave*, & cet auguste amant.

MY LORD.

J'apperçois une fille en grand bonnet, qui,

―――――――――――――――

ment à la promenade. Le prétexte d'aller à ténèbres, à ce Couvent, où il y avoit jadis de belles voix, avoit d'abord occasionné le concours. Mais les indécences des spectateurs ont depuis forcé à fermer l'Eglise. Comme c'est, à proprement parler, la premiere promenade publique de l'année, que la cessation des spectacles rend alors les oisifs fort désœuvrés, on se rend en ce lieu, où l'on fait assaut de belles voitures. Les élégans en font faire de neuves pour y briller, & le luxe en est poussé à un point incroyable.

du reste, annonce beaucoup d'opulence & de faste. On fait cercle autour d'elle.

Le Comte.

C'est la pénitente *Granville*, qui sort de S^{te}. *Pélagie*, & n'en est pas moins insolente, comme vous voyez. Ce Couvent est une maison de force, où l'on met, par ordre du roi, les femmes coupable d'atultere, les filles d'un certain ordre qui ont forfait à leur honneur, & les courtisannes de distinction qu'on ne veut pas confondre avec les raccrocheuses qu'on envoye à l'*hôpital*. La premiere punition usitée à S^{te}. *Pélagie* est, suivant l'ancienne coutume, de raser celles qui y entrent. Voilà le sujet de cet embéguinement de malade de Mlle. *Granville*. Du reste, elle doit être fort glorieuse; c'est le roi lui-même qui a ordonné sa détention & son châtiment. C'est un jugement digne de *Salomon*.

Cette coquine, ainsi que ses semblables, non contente d'être entretenue par un Maître des requêtes (*Chaillon de Joinville*), entretenoit à son tour, ou du moins prodiguoit ses faveurs à un militaire, dont le premier avoit plusieurs fois exigé le sacrifice, & toujours inutilement, c'est-à-dire, qu'on lui donnoit des belles paroles, & qu'on voyoit en cachette l'amant préféré.

Un jour, le robin, averti par ſes eſpions, arrive & trouble le tête-à-tête. Le militaire prend fait & cauſe pour la Nymphe : il s'échauffe, &, dans ſa fureur mépriſante, pouſſe ſon rival dans un cabinet qu'il referme ſur lui : il le tient ainſi ſous la clef, & afin qu'il n'en doute pas, le rend témoin d'une ſcene pour laquelle, ordinairement, on n'en prend point. S'étant réciproquement enivrés dans leurs careſſes, le couple amoureux met le comble à l'inſulte en délivrant le priſonnier, & en le perſiflant de la façon la plus amere. On le renvoye, enfin, bien cathéchiſé, & l'on l'exhorte à ne pas être auſſi indiſcret une ſeconde fois.

Cependant au bout de quelque jours, Mlle *Granville* fait des réflexions, & ſent de quelle importance il eſt de ne pas laiſſer échapper une auſſi bonne proye : elle va chez l'amant ulcéré, elle convient de lui avoir manqué eſſentiellement, mais c'eſt par intérêt pour lui-même qu'elle l'a fait : Elle craignoit que ce militaire violent ne pouſſât l'outrage à l'extrême vis-à-vis d'un magiſtrat ſans armes & ſans défenſe. Elle ſe répand amérement d'avoir par ſon imprudence laiſſé aller les choſes ſi loin : cela n'arrivera plus ; Elle a ouvert les yeux, & congédié pour jamais ce brutal.

De son côté le maître des requêtes avoit aussi fait des réflexions, & médité une vengeance cruelle. Pour mieux l'assurer, il s'étoit proposé de pardonner en apparence cette fois-ci, comme tant d'autres, de reprendre ses droits auprès de la Nymphe, mais de n'en user que pour transmettre à son rival un poison qui ne lui pouvoit administrer directement. Bref, il gagne sciemment la vérole, dans l'espoir de la communiquer à l'infidele, qui en infectera l'auteur de son ignominie.

Par une providence bien mal dirigée, tout semble concourir à faire triompher en amour la trahison & la perfidie. La Courtisanne est instruite à tems de cette scélératesse. Elle va chez son entreteneur, &, sous quelque prétexte, elle découvre des signes non équivoques du *virus* vénérien qui coule déja dans ses veines. Alors, elle l'accable de reproches, elle lui prodigue les injures, les imprécations dans les termes les plus énergiques, & se retire en lui déclarant qu'elle va instruire tout Paris de son abominable conduite.

Le maître des requêtes, confondu de toute maniere, n'a plus autre chose à faire que de se mettre entre les mains de quelque suppôt d'Esculape, & de renoncer pour jamais à sa maîtresse. Cependant il ne peut convenir décemment de son infâme vengeance ; il se prétend ainsi maltraité par l'objet de sa passion.

En conséquence, il a recours au Lieutenant-Général de Police, pour se faire restituer environ 20,000 livres de billets qu'il a donnés à la Courtisanne. Le Magistrat n'ose prendre sur lui de juger un pareil différent ; il en réfere au Ministre, qui, lui-même, très-embarrassé, en rend compte au roi. S. M. commence par exiler dans ses terres un Magistrat sur le compte duquel roule une telle aventure : il déclare les billets bien & duement acquis ; mais pour la réparation du scandale & des mœurs outragées, il fait enfermer Mlle. *Granville*.

MY LORD.

La décision est tout-à-fait judicieuse.

LE COMTE.

Approchons de Mlle. *Le Vasseur*, qui sûrement dit quelque polissonnerie.

MY LORD.

Qu'appellez-vous Mlle. *Le Vasseur* ? ou je me trompe, ou c'est *Rosalie* de l'Opéra.

LE COMTE.

Sans doute : mais elle ne s'appelle plus ainsi ; vous ne devineriez jamais pourquoi elle s'est débaptisée. C'est depuis la Comédie des Courtisannes du Sr. *Palissot*, où l'une des héroïnes s'appelle *Rosalie* ; la premiere n'a voulu rien avoir de commun avec celle-ci, & a repris son nom de famille.

MY LORD.

Elle est donc dans la réforme.

LE COMTE.

Elle est entretenue par l'Ambassadeur de l'Empereur, le Comte de *Mercy-Argenteau*. Il en est fou : Elle le mene par le bout du nez. Il y a certains jours, la semaine, où ils soupent ensemble, mais personne de la maison n'en doit rien savoir. L'Actrice a une porte de communication chez son Excellence : alors on ne peut entrer chez M. l'Ambassadeur, il est censé dans de grandes affaires.

MY LORD.

Cette fille n'est pas jolie, elle est même laide ; mais elle a quelque chose d'enjoué qui peut séduire. La gentille personne avec qui elle est !

LE COMTE.

C'est *Cléophile*. C'est aussi un membre du

corps diplomatique ; elle a fubjugué la gravité Efpagnole.

MY LORD.

Ah ! c'eft la maîtreffe du Comte d'*Aranda*, l'Ambaffadeur d'Efpagne. Il eft plaifant de voir cet enfant faire la loi à l'ancien Miniftre de S. M. Catholique ; à l'ancien Chef-Préfident du fuprême Confeil de Caftille !

LE COMTE.

Elle la lui fait parfaitement. A l'avénement de *Louis* XVI au trône, ce jeune Prince ayant annoncé fon refpect pour la décence & les mœurs, Son Excellence crut devoir fe conformer au goût du Monarque, & rompre avec cette fille ; mais il n'en eut pas la force, & mis feulement plus de myftere dans fon commerce. Cette ferveur d'hypocrifie étant paffée, il a repris comme les autres fon train ordinaire.

MY LORD.

Elle a quelque talent, ce me femble : elle danfe.

LE COMTE.

Oui, c'eft une éleve du Séminaire d'*Audinot*.

MY LORD.

Il fe mêle donc du métier ?

Le Comte.

Sans doute, mais en tout bien, tout honneur, avec le privilege de la police & fous l'infpection du Miniftere. Son Spectacle exécuté *par de petits enfans*, lui fert de prétexte : il forme ainfi au libertinage les jeunes filles, prefque au fortir du berceau ; & ce qui feroit mettre une entremetteufe au carcan, eft pour lui une fource d'opulence & de protection.

My Lord.

Comment n'a-t-on pas fait attention à cela ? Car enfin les loix doivent veiller à la fûreté des familles, à la confervation des mœurs, & la politique du moins devroit arrêter un libertinage qui tend à la deftruction de la population, en énervant, avant qu'ils foient formés, ces enfans des deux fexes.

Le Comte.

Vous avez raifon. L'Archevêque de Paris, a voulu clabauder dans le tems. Mais enfin il nous faut des fpectacles, comme les Romains *Panem & Circenfes*. Pourvu que les peres & meres ne s'oppofent point à de pareils enlevemens, c'eft à merveille, & cet *ogre de pucelages* n'a rien à craindre.

My Lord.

Vous me faites frémir !.... foit qu'on laiffe

une carriere libre aux cinq ou six Nymphes que j'entrevois groupées ensemble, & qui me semblent toutes excellens sujets pour la population.

LE COMTE.

Vous avez bien raison : cela a tous ses crins : cela a fait ses preuves ; il n'en est pas une qui ne soit mere de famille. C'est Mlle. *Felme*, avec *Fanfan*, *Renard*, *Julie*, *Lolotte*, *Lilia*, *Seiffret*. C'est le commun des martires : elles brillent dans l'obscurité ; elles sont pour les talens nocturnes. Vous feuilleterez cela pour quelques *Guinées* à votre aise.

MY LORD.

Peut-être trop à l'aise, en effet !

LE COMTE.

Aimeriez-vous mieux Mlle. *Quincy*, ci-devant fille de chambre de Mlle. *Du Thé*, aujourd'hui sa semblable, sa camarade ? Voyez comme elles sont bien ensemble ! Que c'est édifiant ! Elle ne se méconnoissent ni l'une ni l'autre !

MY LORD.

Je crois, ma foi, que voilà une femme honnête qui leur parle !

LE COMTE.

Si honnête que le Duc de *Sully* vouloit lui

confier l'éducation de ses enfans ; mais sa famille n'a pas trouvé l'institutrice bonne, & a fait enfermer ce Seigneur, qui auroit pu faire quelque sottise plus grande..... C'est la *Fleury-Hocquart*.

MY LORD.

Est-elle parente de ces *Hocquarts* dont je connois plusieurs ?

LE COMTE.

De très-près, car elle a couché longtems avec l'un d'eux. Elle en porte le nom, comme ces héros Grecs ou Romains, qui prenoient celui d'une ville ou d'une province conquise..... Tenez, en voilà une qui a le nom d'une dynastie des Papes.: Elle s'appelle *Urbin*.

MY LORD.

Elle a l'air bien sot, bien bête, bien dédaigneux, bien vain !

LE COMTE.

Elles sont à peu-près toutes comme cela, plus ou moins, mais celle-ci excelle dans ces qualités qu'elle annonce.

MY LORD.

Quelle est cette grande femelle dont la majesté lubrique invite les amateurs ?

LE COMTE.

Vous la définissez bien. C'est Mlle. *Dubois*,

ci-devant actrice de la Comédie Françoise, & qui a quitté le théâtre pour se livrer plus librement au métier.... Elle tient liste de ses amans pour ne les pas oublier ; elle nous en comptoit, la semaine derniere, 16,527 ; & sûrement le nombre est augmenté depuis.

MYLORD.

Vous plaisantez ! Il y a peut-être vingt ans qu'elle a commencé sa liste ; ce seroit donc à ne pas discontinuer, près de trois par jour ! & d'ailleurs, le tems des couches ! car je vois avec elle plusieurs enfans, qu'elle n'a pas fait faire par d'autres, sans doute.

LE COMTE.

Tout cela est vrai. Mais si vous connoissiez son appétit ! Elle met quelquefois les morceaux doubles, pour aller plus vîte.

MYLORD.

Vous êtes bien méchant, Monsieur le Comte ?

LE COMTE.

Non, elle vous le dira elle-même. Quand elle trouve deux amis de bon accord, elle couche avec eux à la fois pour n'en mécontenter aucun. D'ailleurs, elle est à toute main ; elle a une égale ardeur pour l'argent & pour le plaisir.

My Lord.

Mais, voilà différens sujets de l'Opéra & de la Comédie Françoise. Est-ce que les Italiens ne fournissent rien ?

Le Comte.

Ils vivent tous comme de bons bourgeois : ils sont presque tous maris & femmes. Voulez-vous pourtant trouver une beauté de ce théâtre ? Allons vers la piece d'eau : j'ai apperçu *Colombine.*

My Lord.

Celle qui doit chanter dans la *Colonie* (a), & que nous avons entendu répéter ?

Le Comte.

Oui, qui a du goût pour l'Italien. C'est au Maréchal de *Duras* qu'on est redevable de cette acquisition. On n'en vouloit point ; le public ne s'en soucioit pas : mais ce Seigneur, qui a le tact fin, a prévenu qu'elle feroit plaisir. Il a fallu la recevoir.

Ici le Comte chante : *La, mi, re, la, mi, la.*

My Lord.

Vous n'êtes gueres honnête ! Vous chantez au nez de cette Nymphe ! Que frédonnez-vous-là ?

(a) Piece en deux actes, traduite de l'Italien & mêlée d'ariettes.

Le Comte.

L'épitaphe d'un de ses amans. Il s'étoit excédé de débauches pour lui plaire. Il en périt; on grava sur son tombeau ces notes de musique : *La, mi, re, la, mi, la.* Cette fille se nomme *Mira.* Entendez-vous à présent ce calembour harmonique ?

My Lord.

Il est singulier !

Le Comte.

Regardez, My Lord, ce charmant enfant ? Devinez quel est son pere ? Voyez comme il est fait à peindre ! Quelles graces ! Quelle souplesse dans ses mouvemens !

My Lord.

Mais il ressemble à sa mere avec qui il est, apparemment ! Elle n'est plus de la premiere jeunesse, mais elle a dû être charmante.

Le Comte.

Aussi l'a-t-elle été ! C'est la femme d'un violon, Madame *Montgauthier*, la maîtresse du danseur *Vestris* dont elle a eu cet amour. Elle a été compagne d'armes avec la Comtesse *Du Barry*, qui, dans sa faveur, ne l'a point méconnue, & l'a toujours accueillie avec distinction.

My Lord.

Quel est ce gros garçon avec qui elle est?

Le Comte.

C'est le frere du *Dieu de la danse*; c'est le cuisinier, si vous voulez: c'est un *Vestris*. Celui-ci n'a d'autre talent que de bien manger. C'est le pourvoyeur de toute la famille, il est si admirateur du danseur, que la dénomination dont il se sert dans ses extases en faveur de son frere, lui est restée.

My Lord.

Ah! Comte! quelle araignée!

Le Comte.

Que dites-vous? Prosternez-vous plutôt. C'est Terpsycore elle-même. C'est Mademoiselle *Guimard*.

My Lord.

Ma foi, elle n'est bonne à voir qu'au théâtre.

Le Comte.

Il ne faut pas disputer des goûts. C'est une de nos Courtisannes qui ait fait la plus grande fortune. Croyez qu'elle n'est pas de si mauvais aloi, puisque l'Eglise en a voulu tâter. Demandez à M. l'Evêque d'*Orléans*?

My Lord.

M. de *Jarente*, ce Prélat renommé pour

ses

ses dissolutions, qui avoit la feuille des bénéfices ?

LE COMTE.

Et c'est chez Mlle. *Guimard*, qu'on alloit les payer. C'est ce qui faisoit dire à Mlle. *Arnoux*: *je ne conçois pas comment ce petit ver est si maigre, il vit sur une si bonne feuille !* Au reste je veux vous faire faire connoissance avec elle, surtout vous faire voir sa maison appellée le *Temple de Terpsycore*; car si nos Courtisannes ne font pas bâtir des pyramides, comme les Courtisannes Grecques (*a*), elles font construire des demeures délicieuses, de petits palais, dont ne parlera pas l'histoire, mais où viennent s'engloutir autant de trésors que dans les vastes monumens de l'antiquité.

Trouve-t-on à Athènes ou dans Rome une femme publique qui ait eu deux théatres à la fois comme celle-ci ? Qui ait enlevé à la capitale les meilleurs acteurs des trois spectacles, pour les concentrer chez elle & les faire servir à ses amusemens (*b*) ? Voilà une sorte de

---

(*a*) L'histoire ancienne parle d'une Courtisanne (*Rodope*) qui de ses grands biens, acquis à *Naucrates*, où elle avoit exercé son métier, fit bâtir une des fameuses pyramides d'Egypte.

(*b*) Il a fallu, dit-on, une défense des Gentils-hommes

luxe dont les folies anciennes ne fournissent aucun exemple.

My Lord.

Il en faut convenir : vous-autres François, vous avez fait de grands progrès dans la carriere de l'extravagance humaine. Mais, sans vouloir vous le disputer, Londres vous fourniroit de bonnes anecdotes sur le compte de notre nation.

Le Comte.

J'en ai vu maintes preuves durant mes voyages chez vous. Ce qui pourroit même vous donner grand droit à la concurrence, c'est qu'on compte peu de vos Courtisannes enrichies aux dépens des François, & que les nôtres, au contraire, se trouvent en grand nombre, chargées de vos dépouilles.

My Lord.

Ce qui vous fait emporter la pomme sans contredit de ce côté-là, c'est la Comtesse *Du Barry*. Mlle. *L'Ange* passant sans interruption du bordel sur le trône, des bras des laquais dans ceux du Monarque, culbutant le Minis-

---

de la chambre pour empêcher les Coryphées des Comédies Françoise & Italienne d'aller jouer chez Mlle. *Guimard*, parce qu'ensuite ils se reposoient & ne jouoient pas pour le public.

tre le plus puissant & le plus redoutable ; opérant le renversement de la constitution de la Monarchie ; insultant à la famille Royale, à l'héritier présomptif du trône & à son auguste compagne, par son luxe incroyable, par ses propos insolens, à la nation entiere mourant de faim, par ses profusions vaines, par les déprédations connues de tous, les roués qui l'entouroient ; voyant ramper à ses pieds non-seulement les grands du royaume, les Ministres, mais les Princes du Sang ; mais les Ambassadeurs étrangers, mais l'Eglise canonisant ses scandales & ses débauches.

Voilà le dernier période de la corruption, de l'asservissement, de l'infamie, parce que ce n'est pas le vice d'un seul, mais l'avilissement & l'opprobre de tous.

LE COMTE.

Il me paroît, My Lord, que vous crayonnez furieusement dans la maniere Angloise, quand vous vous en mêlez. Songez que nous ne sommes pas venus ici pour parler morale.

MY LORD.

Pardon ! c'est que les extrémités se touchent.

LE COMTE.

Voilà bien du tumulte ! c'est sans doute le Comte d'*Artois* qui arrive.

MY LORD.

Comme toutes ces catins se mettent en armes sur son passage !

LE COMTE.

Depuis l'exemple de la Comtesse Du Barry dont vous parliez à l'instant, elle ont une furieuse émulation...... Tenez, voilà de la chair fraîche qui tenteroit tous les Capucins du monde.

MY LORD.

A vous dire vrai, ces figures sont ravissantes..... Ah ! Comte, si vous aviez une copieuse pacotille de pareilles marchandises, vous nous auriez bientôt conquis toute l'Angleterre !... Ce sont deux anges véritables que je vois. Est-ce la mere qui est avec elles ?

LE COMTE.

C'est leur marraine : c'est la Présidente *Brisson*, la vice-gérente de la *Gourdan*, qui triomphe de son éclipse, & profitera du tems pour la transplanter.

MY LORD.

Les jolis minois qu'elle conduit & semble nous proposer !

LE COMTE.

Je ne connois point cela ; c'est du neuf certainement.

My Lord.

Peste, que c'est friand !

Le Comte.

L'eau déja vous en vient à la bouche ! Allons, My Lord, détournez vos regards & suivons notre entretien.

My Lord.

Je m'en tiens-là, Comte. Nous ne trouverons sûrement rien qui vaille ces beautés naïves.......... J'ai presque dit ces vierges !

Le Comte.

Oui, des vierges, comme *La Chanterie*.

My Lord.

Mais, Comte, elles s'en vont ! suivons-les donc !

Le Comte.

Ecoutez avant cette anecdote. Cette *La Chanterie* étoit autrefois une fille des Chœurs de l'Opéra, d'une beauté rare, ingénue, un ange femelle. Les peintres la prenoient pour modelle.

Un d'eux, chargé de peindre une mère du *Christ* pour le tableau d'un maître-autel, avoit eu recours à sa tête, & l'avoit rendue très-ressemblante. Un Anglois qui visitoit les curiosités de nos Eglises, mais avoit parcouru auparavant celles de nos spectacles, & en avoit recueilli des fruits amers, appercevant cette belle tête, calquée sur celle de *La Chanterie*, s'écria avec surprise : *Ah ! voilà la Vierge qui m'a donné la chaude-pisse !*

My Lord.

Vos historiettes sont charmantes ; mais je n'écoute plus rien, je suis ferru. Il faut que nous soupions avec ces éleves de Madame *Brisson*, aux risques de trouver une nouvelle *La Chanterie*.

Le Comte.

La génération n'est pas interrompue. Allons, je veux être votre mentor. Je vais vous aboucher avec la Présidente, mais je vous moriginerai, & toutes les fois qu'il vous prendra envie pendant le repas de toucher à quelques mets dangereux, je serai impitoyable, comme le médecin de *Sancho*, je vous le ferai enlever...

My Lord.

Quand nous y serons, nous verrons. Pressons-nous : si le Comte d'*Artois* en avoit envie !

Le Comte.

Ne craignez rien, My Lord, il y en aura pour tout le monde.

N. B. Ce jour, la presse étoit grande au Colifée : le My Lord & le Comte furent retardés de plus d'un demi-quart d'heure, n'ofant courir les rifques de fe faire brifer les côtes en fendant la foule. Entre tems, le Comte fit lecture à My Lord d'un fragment d'un éloge adreffé à Mlle. *Du Thé*, concernant les Laïs du tems, éloge où l'auteur, par une ironie foutenue, tracé le tableau le plus vrai & le plus effrayant de la corruption des mœurs de la Capitale : tableau où figurent au premier rang, fans contredit, les Syrénes & les Terpfycores de l'Opéra.

Voici ce fragment :

" Ce n'eft qu'avec admiration, (l'auteur s'adreffe à Mlle. *Du Thé*) que j'envifage le haut point de gloire où vous & vos compagnes êtes parvenues. Nous ne fommes plus heureufement dans ces tems de barbarie, où la vertu févere regnoit à l'ombre des loix. La douce licence fous le nom de liberté, a ouvert enfin la carriere à nos vaftes defirs ; vous triomphez, divines enchantereffes, & vos charmes féducteurs ont changé la face de la France.

" Nos palais, nos hôtels, ne font plus aujourd'hui que la trifte retraite du lugubre hymen, où d'indolentes époufes languiffent dans l'ennui, fous la garde d'un Suiffe chamarré, qui, comme le marbre de sa porte, n'indique que l'hôtel du maître & la prison de sa triste moitié ; tandis que la sémillante jeunesse, en foule dans vos petites maisons, y fixe l'amour & les jeux, & vos petits soupers font partout le désespoir des grands.

„ Souveraines des modes, n'est-ce pas vous encore qui les donnez ? Votre goût en décide ; vos plumes toisées deviennent la mesure commune. Telle n'ose vous imiter en grand, qui s'étudie à son miroir à vous copier en détail, pour plaire ou prendre de plus beaux modeles.

„ Siecle divin, qui fait fouler aux pieds les préjugés, les loix, & qui, confondant tous les états, tous les âges, consacre tous les excès, tu seras à jamais célébre dans l'histoire !

„ C'est à vous & à vos amies, charmante *Du Thé*, que l'on doit cette heureuse révolution dans nos mœurs ; à vous toutes en est la gloire, & vous en jouissez. Soit que traînées dans des chars élégans, vous embélissiez les boulevards poudreux ; soit que Nymphes emplumées, la tête échaffaudée & couverte de mille pompons, vous éclipsiez, dans une premiere loge, la modeste citoyenne ; ou qu'au monotone Colysée, le front levé, l'œil assuré, vous étaliez vos graces, & fixiez sur vos pas une foule empressée, tous les regards ne sont-ils pas tournés sur vous? Moderne Panthéon, tu réunis toutes nos divinités & tous nos hommages!

„ Vos priviléges, Deïtés du jour, sont aussi grands que sacrés; & comment ne le seroient-ils pas? Effets précieux du commerce, il est bien juste que vous participiez à l'heureuse liberté qu'on lui doit; vous formez sous la protection de Cypris, une République indépendance. Vos revenus, mieux fondés que ceux de l'Etat, se trouvent tous imposés sur nos besoins de premiere néceffité, & ils vous parviennent d'autant plus sûrement, que, sans secours étrangers, vous en faites seules la recette & la dépense; vous ne troqueriez pas le produit de vos charmes contre la pension de la Duchesse la mieux payée de son mari......

„ Depuis cette heureuse révolution, rien ne vous arrête, plus d'obstacle ! l'hymen tourné en ridicule, ose à peine se montrer; vous paroissez publiquement dans les voitures de vos amans; vous portez leurs livrées, leurs couleurs, souvent les diamans de leurs épouses; vos petites maisons s'élevent partout des débris des grandes, & forment, par leur nombre, dans les fauxbourgs de la Capitale & sur les boulevards, une espèce d'enceinte, de circonvallation, qui, la tenant bloquée, vous en assurent à jamais l'empire.

„ Que l'on dise encore que la France est folle; que ses modes, ses mœurs & ses usages n'ont pas le sens commun : jamais fut-elle mieux policée !

„ Vous prenez le plaisir en général pour but, tous les hommes pour objet, & le bonheur public pour fin de vos sublimes spéculations.

„ Eternelles victimes, & toujours sur l'autel, vous faites plus d'heureux en un jour que les autres en toute leur vie.

„ Oui, Mesdemoiselles, vous êtes le véritable luxe, essentiel à un grand Etat, l'appas puissant qui lui attire les étrangers & leurs guinées, vingt modestes citoyennes valent moins au trésor royale, qu'une seule d'entre vous: aussi êtes-vous hors de tous les rangs, à côté de tous les états, & les femmes par excellence de tous les hommes "..........

Ici la foule s'ouvrit, la presse se fendit; le Comte ne parla plus. My Lord lui dit: " mettons la main sur la conscience, & convenons que nous n'entrons pas mal-à-propos dans le persiflage du Panégyriste. Heureux, Mr. le

Comte, quand vous en êtes quittes pour vos Louis, & nous autres Anglois, pour nos Guinées, & l'humiliation d'avoir été dupes! & c'eſt en vous priant le bon ſoir que je dis avec Horace :

Video meliora, proboque
Deteriora ſequor..........

LES DÉLICES ET LES PLAISIRS DES BOULEVARDS.

Boulevard, fortification, rempart. *Belgrade* est le Boulevard de l'Empire Ottoman du côté de la Hongrie.

Qui croiroit que ce mot ne signifie dans son origine qu'un jeu de boule? Le peuple de Paris jouoit à la boule sur le gazon du rempart ; ce gazon s'appelloit le *verd*, de même que le marché aux herbes. — *On bouloit sur le verd.*

J'ai entendu de bonnes bourgeoises qui s'alloient promener sur le *Bouleverd*, non pas sur le *Boulevard*. On se moquoit d'elles, & on avoit tort. Mais, en tout genre, l'usage l'emporte ; & tous ceux qui ont raison contre l'usage, sont sifflés ou condamnés, ça va sans dire.

Mais peu importe qu'on dise *Boulevard* ou *Bouleverd* ; ce n'est pas de quoi il s'agit. Tout le monde sait que c'est une promenade magnifique, commode, agréable & récréative ; qu'on s'y promene, à pied, à cheval, en cabriolet, tout comme on veut.

Le diné d'un Badaut fini, il arrive aux Boulevards : si le tems est beau, quel coup-d'œil agréable ! deux triples rangées de chaises occupées par autant de *Vénus* que d'*Adonis* ; que de bons mots dits, rendus, de fines agasseries ! Quelle ample matiere à d'anecdotes nouvelles & à donner au public !

Le cu sur la chaise, quelle grande satisfaction de voir cent mille beautés passer çà & là, les unes coëffées en *hérisson* : d'autres portant coëffures à l'*enfant*, d'autres, enfin, couvertes de panaches (*a*) énormes, vous clignoter d'un œil assassin ; une autre vous faire remarquer, en affectant de rire, une petite bouche qu'elle pince en retirant ses joues ; une autre serrant de ses deux mains son mantelet pour montrer l'élégance de sa taille ; celle-ci dans sa voiture, un petit maître à sa portiere, qui, tout en ricanant, lui déclare le feu qu'elle a sçu lui inspirer, tandis que par dessus sa tête, parfumée de l'odeur la plus forte, & accompagnée de plusieurs boucles flottantes, elle fait des signes à d'autres qui passent devant elle ?

(*a*) On prétend que la mode des panaches est passée, depuis qu'un jour, (& ça n'est pas vieux) un mauvais plaisant s'avisa de dire *que la plûpart des femmes de Paris portoient les plumes des dindons qu'elles avoient plumés.*

Quel agréable tableau ! ô Athenes, tu crois ne plus exister, & l'on te retrouve chaque jour fur nos Boulevards !

Après avoir joui quelques inftans de cette bigarrure, notre Badaut (*a*) entre au café *Turc*. Là il caufe un moment avec la limon-

---

(*a*) M. de Voltaire qui étoit un *Badaut*, mais d'une autre efpece de *Badauts*, s'eft bien férieufement fâché contre ce fobriquet, dans fes immortelles œuvres. Voici ce qu'il dit :

" Quand on prétendra que *Badaut* vient de l'Italien *ba-*
,, *dare*, qui fignifie *regarder*, *s'arrêter*, *perdre fon tems*,
,, on ne dira rien que d'affez vraifemblable. Mais il feroit
,, ridicule de dire avec le Dictionnaire de Trévoux que
,, *Badaut* fignifie fot, niais, ignorant, *Stolidus*, *Stupidus*,
,, *bardus*, & qu'il vient du mot latin *badalius*.
,, Si on a donné ce nom au peuple de Paris plus vo-
,, lontiers qu'à un autre ; c'eft uniquement qu'il y a plus
,, de monde à Paris qu'ailleurs, & par conféquent plus de
,, gens inutiles qui s'attroupent pour voir le premier objet
,, auquel ils ne font pas accoutumés, pour contempler un
,, charlatan, ou deux femmes du peuple qui fe difent des
,, injures, ou un chartier dont la charette fera renver-
,, fée, & qu'ils ne releveront pas. Il y a des *badauts*
,, partout mais on a donné la préférence à ceux de la
,, Capitale où fe raffemblent tous les *badauts* des quatre
,, coins de l'univers. "

Le cauftique Mercier dans fon *tableau de Paris* ne parle pas des *fimples* badauts, mais des *parfaits* badauts. Sans rechercher, vous dit-il, " quelle eft la vraie étymologie du

nadiere, si elle est seule; car presque toute la journée, on la trouve jasant avec un certain

„ mot, on veut dire que le Parisien qui ne quitte pas ses
„ foyers, n'a vu le monde que par un trou. "

On connoît la petite brochure intitulée : *Le voyage de Paris à St. Cloud par mer, & le retour de St. Cloud à Paris par terre.* J'en donnerai ici un petit extrait.

„ Le Parisien qui entreprend ce long voyage, prend
„ toute sa garde-robe, se munit de provisions, fait ses
„ adieux à ses amis & parens. Après avoir fait dire une
„ messe, avoir offert sa prière à tous les Saints, & s'être
„ recommandé spécialement à son *Ange-gardien*, il prend
„ la *galiote*. C'est pour lui un vaisseau du haut bord.
„ Etourdi de la rapidité du bateau, il s'informe s'il ne ren-
„ contrera pas bientôt la *Compagnie des Indes.* Il estime
„ que les échelles des blanchisseuses de Chaillot sont *les
„ échelles du Levant*; il se regarde comme éloigné de sa
„ patrie, songe à la rue *Trousse-vache*, & verse des larmes.
„ Là, contemplant les *vastes mers*, il s'étonne que la
„ morue soit si chère à Paris. Il cherche des yeux le *Cap
„ de-Bonne-Espérance*; & quand il apperçoit la fumée
„ ondoyante & rouge de la verrerie de Sève, il s'écrie :
„ *voilà le mont Vésuve*; dont on m'a parlé.
„ Arrivé à St. Cloud; il entend la messe en actions de
„ graces, écrit à sa chère mère toutes ses craintes & ses
„ désastres; notamment que s'étant assis, sur un amas de
„ cordages nouvellement goudronnés, sa belle culotte de
„ velours s'y est comme incorporée, qu'il n'a pu se re-
„ lever qu'après en avoir abandonné des fragmens considé-
„ rables. Il conçoit à St. Cloud l'idée sublime de l'éten-

Officier ruiné, couvert d'un méchant habit noir, mais la dragonne à l'épée, la cocarde au

„ due de la terre, & il entrevoit que la nature vivante &
„ animée peut s'étendre au-delà des barrieres de Paris.
„ Le Parisien, stupéfait & ravi, apprend que le hareng
„ & la morue ne se pêchent point dans la riviere de Sei-
„ ne. Il croyoit que le bois de Boulogne étoit l'ancien-
„ ne forêt où habitoient *les Druides*; il est détrompé. Il
„ avoit pris *le mont Valérien* pour le véritable Calvaire,
„ où J. C. avoit répandu son sang précieux. On le désa-
„ buse; il juge savamment qu'il est encore *parmi des Ca-*
„ *tholiques*, puisqu'il apperçoit des clochers, & que sa foi
„ n'est conséquemment pas en danger. Il voit passer un
„ cerf & un faon, & voilà le premier pas qu'il fait dans
„ l'histoire naturelle.
„ Il est toujours bon patriote, & ne renie point son
„ païs; car il annonce à tous ceux qu'il rencontre qu'il est
„ *né natif* de Paris; que sa mere vend des étoffes de soye
„ à *la Barbe d'or*, & qu'il a pour cousin un Notaire.
„ Il rentre dans sa famille; on le reçoit avec des accla-
„ mations. Ses tantes qui, depuis 20 ans, n'ont été aux
„ Tuileries, admirent son courage, & le regardent comme
„ le plus hardi & le plus intrépide voyageur. "
Ajoutons que quand il revient dans ses foyers, il lui manque encore une grande connoissance. Car on ne peut pas tout apprendre: il ne sait pas démêler dans un champ l'*orge* d'avec l'*avoine*, & le *lin* d'avec le *millet*.
Ce benêt qu'on fit lever de grand matin pour voir passer l'*équinoxe porté sur un nuage*, c'étoit un Parisien.

au chapeau ; enfin une espece de croc qui, je pense, a l'air de lui faire les yeux doux pour lui soutirer quelques écus.

Ce qu'il y a de sûr, c'est qu'on m'a assuré que cette Cafétiere, quoique vieille & fanée, avoit encore le ridicule amour-propre de vouloir plaire. Mais revenons au café.

Ce Café, le plus joli du boulevard, est celui où la bonne compagnie ne rougit point d'entrer, & le seul où l'on puisse mener une femme honnête.

Tout ce qu'on y sert est délicieux. Les glaces surtout ne peuvent se comparer qu'à celles du Palais-Royal, aussi y en ai-je pris souvent. Je vous avouerai même, mon cher lecteur, que la derniere que j'y pris, il n'y a pas plus de quinze jours, je la trouvai si bonne, que je n'ai pu résister au desir de faire des vers à sa louange.

Des vers sur une glace, me direz-vous ? Cela est extravagant. Et pourquoi ? L'Abbé *Sedaine* en a bien fait sur son habit, *Dorat* sur des tettons, le Chevalier de *Cubieres* sur l'oreille de sa maîtresse, le Chanoine *Grécourt* sur la chaude-pisse ; *Taconnet* sur son cu, un de mes amis, nommé *Nougaret*, sur son vit, &c. &c. &c.

Pourquoi, Messieurs, n'en ferois-je pas sur ma glace ? D'ailleurs les miens ne s'écartent point des bornes de la décence, comme ceux des impies dont je viens de parler, & qui brûleront en enfer comme un gigot à la broche.

Faisons donc des vers à ma glace, & moquons-nous du qu'en dira-t-on. Je ne suis point poëte, je m'amuse.

Vers à ma glace.

Douce liqueur, glace adorable,
Emule du Nectar des Dieux,
Si ma bouche te baise, un charme délectable
Me fait douter de ce moment heureux,
Si j'habite la terre, ou si je regne aux cieux :
Iris, & toi, dans le fond de mon ame
Portez la pure volupté.
Chacun de vous deux m'enflamme,
Et paroît à mes yeux une Divinité.
Mais tu ne charme que ma bouche
Par ton excessive fraîcheur,
Et quand celle d'Iris je touche,
Je sens une chaleur
Que ce baiser conduit jusqu'à mon cœur.

En sortant du Café *Turc*, le Badaut entre aux *babillards*. On pourroit adopter à ce second Café le *miscuit utile dulci* d'Horace ; car on y trouve l'utile & l'agréable.

Aimez-vous à penser ou à rêver ? Deux jardins charmans vous offrent le moyen de promener vos pensées & vos rêves. — Le jeu vous amuse-t-il ? Vous trouvez vingt endroits à vous arrêter pour repaître vos yeux du plaisir de voir jouer *au tonneau*, *à la toupie*, *aux dames*, *aux échecs*, *au* triste & très-triste *domino*. — La conversation a-t-elle pour vous quelques charmes ? Prenez place auprès de ces vieux rentiers en perruques, habits boutonnés, & cannes à bec-de-corbin. — Ils vous apprendront les nouvelles politiques & scandaleuses, les histoires des spectacles des boulevards : c'est en partie à eux que je dois la plûpart des anecdotes dont je vais faire usage dans ce chapitre.

A l'exception du Café *Turc* & de celui des *babillards*, non compris les *Traiteurs*, on compte encore cinq autres Cafés ; savoir : le Café *Sergent*, le Café *Yong*, le Café *Cauffin*, le Café *Armand* & le Café *Alexandre*. Tous ces Cafés sont remplis de la plus mauvaise compagnie.

Les deux premiers, il y a dix mois, étoient assez bien composés ; mais ils ne vendoient pas de quoi payer leurs garçons, parce que la populace, amie de la débauche, ne s'y livre que quand quelque chose l'y excite ; alors rien ne peut l'arrêter ; & ce quelque chose dans ces Cafés, c'est cette mauvaise musique qu'on entend chez *Armand*, *Caussin* & *Alexandre*. Ces détestables musiciens, d'accord avec les chanteurs & les chanteuses à la voix fausse & glapissante, vous arrachent le tympan par leurs cris discordans.

Voilà ce qui attire la populace ; voilà ce qui la captive dans ces lieux, où elle s'enivre de *Punch* & de différentes liqueurs.

Yong & *Sergent* ne faisoient rien, comme j'ai dit. Depuis qu'ils ont des chanteurs & des racleurs, leur boutique ne se désemplit pas, ils gagnent de l'or.

Le Café *Alexandre*, sans être plus agréable, est encore plus mal composé.

Dans les autres, on y rencontre des crocs, des recruteurs, des espions, des filoux : ici, on n'y trouve que des *racrocheuses*, des *bougres* & des *bardaches*.

Il se passe dans ce Café des infamies, des horreurs qu'il est inutile, ou plutôt qu'il seroit trop sale de nommer ; les titres de ceux qui l'habitent les font assez deviner.

La Police y veille cependant, il faut lui rendre cette justice : mais on sait tromper ses yeux d'*Argus*, le plus sage & le plus sûr seroit de faire fermer ce receptacle de *Tribades* & *Sodomistes*.

Il vient encore de s'en établir un au coin de la rue de *Saintonge*, occupé par un garçon du Café de *Foi*, qui venoit d'être tenu par une nommée *Vélie*, fille de joie, déja fanée, mais qui avoit eu l'adresse d'amasser quelques bijoux, qu'elle vendit pour avoir une boutique, dans laquelle, sous prétexte de vendre du Café, elle tenoit *Serrail* dans une salle par bas, où l'on entroit quand on étoit convenu de la fille qu'on desiroit, & du prix qu'on vouloit y mettre.

Vélie, du bénéfice de ce commerce, entretenoit un petit coëffeur, nommé *Marin*, dont elle s'étoit amourachée en le voyant jouer la comédie aux *Variétés*, où il jouoit comme un cochon.

Le Lieutenant de police, informé de la conduite de cette moderne *Ninon*, vient de faire fermer sa boutique.

Pour les traiteurs qui sont sur ces mêmes boulevards, chacun sait qu'on y peut mener des filles, & que chaque traiteur facilite les moyens de sacrifier à l'amour en buvant à Bacchus.

On les avoit contraints jadis à mettre des rideaux aux fenêtres ; mais, voyant que leurs pratiques à *parties fines* se trouvoient ainsi obligées d'aller plus loin, ils ont oublié l'ordre de la police, & ont mis des jalousies qu'on peut fermer à volonté, & qui vous mettent dans le cas de faire tout ce que vous jugerez à propos.

Il y vient même de jeunes *viéleuses* qui, si vous les trouvez jolies, sont très-complaisantes ; du moins selon comme vous promettez de payer leur complaisance. Mais cet article ne regarde guère que les vieux paillards qui vont y souper exprès pour cela.

Aux orgies, composées de filles & de jeunes libertins déja blasés par l'excès du plaisir, ces *viéleuses* cherchent à réveiller leur imagination par des couplets lascifs, qu'elles accompagnent de gestes très-expressifs, & souvent spectatrices de l'effet que produit sur l'assemblée le rôle qu'elles jouent.

Voici un petit échantillon des chansons de ces *viéleuses*.

NOIRE.

Pot-pourri.

1.

AIR: *De tous les Capucins du monde.*

Envain Iris, dès qu'on la presse
De se livrer à la tendresse,
Affecte un dépit éclatant ;
Il faudra bien qu'elle se rende ;
Car l'amour, quoiqu'il soit enfant,
Est un vainqueur si-tôt qu'il *fend.*

2.

AIR: *Des folies d'Espagne.*

Bande ton arc,
Armes-toi d'une flèche,
Attaque Iris de l'un & l'autre bout ;
Et si tu peux forcer certaine brêche,
C'est le chemin, Amour, par où l'on *fout.*

3.

Fou, petit fou que fais-tu donc,
Tu te livres à la bagatelle ?
Ne sais-tu prendre qu'un ton ?
Allons vite, va droit au *con.*

4.

AIR : *Ton humeur est Catherine.*

Comprenez bien ce mystere,
Vous qui soupirez toujours,
Les honteux ne gagnent guere
A l'empire des amours.
En vain vous cherchez à plaire
Pour toucher l'objet chéri,
Il faut commencer par faire.

5.

AIR : Du *Confiteor.*

Vive ! vive le cabaret !
En y buvant sa chopinete,
Sans façon sur un tabouret,
On y *baise* sa Claudinette ;
Et souvent pour un quart d'écu
De l'une & l'autre on voit le cu.

6.

AIR : *Du Prévôt des Marchands.*

Curieux enfant du desir,
Envain tu poursuis le plaisir,
Dans les bras d'une beauté chere,
Tu cherches l'heure du berger,
Ton bonheur n'est qu'imaginaire
Si tu ne la sent . . . . . .

7.

Déchargez votre pot au lait,
La laitiere charmante,
Et si la danse vous plaît,
Que le plaisir vous tente,
J'ai mon violon tout prêt
Qui vous rendra contente.

Autre.

Air : *Vit-on jamais de pareille sottise ?*

Qu'on s'évertue & qu'on rie & qu'on chante,
Au fond du verre enterrons la raison,
Et que chacun de nous, l'ame contente,
Boive à Bacchus, ainsi qu'au plus beau *con*,. &c.

Combien de fois Colin à sa bergere
Voulut montrer à l'ombre d'un buisson,
Les doux plaisirs que l'on goûte à Cythere,
En caressant son joli petit *con*.. &c.

Qu'on est heureux de vivre sans fortune !
Moi je hais cette laide Camuson ;
J'aime Lise sans que rien m'importune,
Et tout mon bien est mon cher petit *con*... &c.

On compte encore deux autres Cafés sur les boulevards, l'un est le Café de *Crété*, & l'autre celui de l'*ambigu-comique*.

Le premier situé à côté du spectacle de *Nicolet*, est le rendez-vous de tous les acteurs & actrices de ce théâtre, par la raison que les honnêtes gens voyant ceux qui le composent, rougiroient de s'y attabler.

Le comptoir de cette boutique est tenu par Madame *Crété* & sa grand fille qui ne céderoit pas volontiers cette place, par le plaisir qu'elle trouve à écouter les fadeurs de ceux qui vont leur payer leur dépense; elle s'est même montrée assez facile à soulager de certains adorateurs qui lui juroient de mourir d'amour pour elle, à ce que dit la chronique scandaleuse. Mais, est-ce un crime que d'avoir une ame sensible.

Sa mere est une bonne sotte de femme qui voit tout sans s'appercevoir de rien, parce que les soupirans de sa fille vuident toujours de tems en tems quelques bouteilles de bierre.

Deux autres filles cadettes attendent l'âge de leur sœur pour faire comme elle.

Le mari se ruine aux Tripots chez l'Ambassadeur de Venise, & Mademoiselle *Crété* console son cher pere en lui disant que si la maison tarit d'argent, elle l'augmentera en progéniture.

Chaque spectacle des boulevards a son Café. Celui de *l'ambigu-comique* est tenu par un Sr. *Fertin*, ci-devant rue St. Honoré, & associé d'une certaine Demoiselle *Antoine*, l'être le plus sot & le plus à prétention qui soit sous le ciel.

A toutes les délices des Cafés, des traiteurs, des *viéleuses*, &c. &c. se joignent les délices des spectacles. On y trouve les théâtres de *Comus* & de *Curtius*. Le premier est un insigne scamoteur, comme le sait tout l'univers. Il a donné des leçons d'escamotage au Duc de Chartres, & S. A., dit-on, n'en a pas mal profité.

Le second a modélé les rois, les grands écrivains, les jolies femmes & les fameux voleurs. On y voit *Jeannot*, *Desrues*, le Comte d'*Estaing* & *Linguet*; on y voit la famille royale assise à un banquet artificiel: l'Empereur est à côté du roi. Le crieur s'égosille à la porte: *Entrez, entrez, Messieurs, venez voir le grand couvert; entrez, c'est tout comme à Versailles.* On donne deux sols par personne; & le Sr. *Curtius* fait quelquefois jusqu'à cent écus par jour, avec la montre de ces mannequins enluminés.

Entre les théâtres de *Comus* & de *Curtius* on a rebâti le théâtre des *associés*. Le directeurs, qui ont pris le titre *d'associés*, sont l'un nommé *Visage*, aboyeur jadis à la porte de *Nicolet*, & l'autre appellé *Salé*, aussi ancien aboyeur.

Ces deux Intriguans ont des Commissionaires à qui ils font endosser des habits d'Arlequin & de Pierrot. Vous conviendrez qu'il est très-plaisant de voir jouer à ces Messieurs *Alzire*, ou le *Cid*, ou quelques-uns de nos *Opéras* bouffons. On y creve de rire ! Mais le plus divertissant est d'y voir jouer à Mons *Visage*, le rôle de *Mahomet* ou celui de *Béverley* : avec sa voix de taureau, ce gredin-là braille à se faire entendre du boulevard du temple, à Mesnil-Montant.

Avant que la police eut interdit les représentations de nuit, les filles se portoient en foule dans ce taudion, parce que-là, au milieu de la grosse joie qui y regne, elles passoient autant de caprices qu'elles vouloient, de petites loges qu'on leur avoit permises ne laissoient rien à desirer pour la commodité.

Les vieillards qui se contentoient *du toucher* y étoient servis à souhait. C'étoit le rendez-vous de toutes les Prêtresses de *la Montigny* & de la *Dumas*. La suppression des représentations nocturnes a fait aussi cesser ces innocentes assemblées. *O vertu ! On ne cessera donc jamais de te persécuter !*

Malgré que ce taudion ne soit habité que par les décroteurs & les filles du boulevard, tant marchandes de pommes, que *donneuses* de *nouvelles à la main*, les associés ne laissent pas que de faire leurs choux gras.

Le gros butor de *Nicolet* est le Directeur du spectacle, *les grands danseurs du roi*. C'est un spectacle composé de bon & de mauvais, de bizarre, d'extravagant, & qui cependant amuse quelquefois par la variété. S'il n'avoit point ses sauteurs & ses pantomimes d'Arlequinades, ça seroit froid ; avec les deux objets, c'est sot & ennuyeux. Sans ses acteurs ça seroit insupportable ; avec eux, c'est très-souvent insipide. Si on n'y voyoit point de ballets, son spectacle seroit moins divertissant ; il y en a, on ne s'en apperçoit pas. Sans ses musiciens, on dormiroit, en les écoutant, on bâille. Si ce spectacle n'existoit pas, personne n'y songeroit ; il existe, on s'y rend par habitude.

L'affiche de ces *grands danseurs du roi* est singuliere : *On donnera aujourd'hui le dogue d'Angleterre, pantomime à machines pour rire*... *Sur le répertoire de la semaine, il y aura assemblée générale pour tout le monde*.

Le Directeur de ces *grands danseurs du roi*, le sot *Nicolet* a joué jadis la comédie sur la parade & dans son spectacle : mais cela ne prouve pas qu'il soit comédien ; car on peut dire de lui comme de cet acteur de Province, *qu'il jouoit les financiers comme les Arlequins, & les Arlequins comme les financiers.* Tel étoit l'emploi de cet histrion. Dieu merci, il ne joue plus ; *Ainsi soit-il !* Il faut remercier Dieu de tout.

En revanche, son épouse a beaucoup joué après lui ; il n'y a que quelques mois que Madame a quitté les planches. Elle a été remplacée dans les grands rôles par la belle *la Forest*, entrée à ce théâtre en 1777, sortie en 1778 pour être entretenue par *Bertin*, Ministre des parties casuelles, & rentrée en 1780. Nous reviendrons sur le compte de cette jeune actrice, continuons à nous entretenir du bardache *Nicolet*.

Sa femme, a heureusement l'esprit d'arrangement & d'économie qui convient pour conduire une maison à la disposition du coffre-fort ; car lui le dépenseroit aussi sottement qui l'a amassé ; le moindre petit minois qui lui donneroit dans l'œil, seroit sûr de lui tirer jusqu'au dernier sou. Aussi sa femme a-t-elle soin de borner sa dépense ; on lui met régulierement tous les matins dans son gousset dix écus, ce qui fait environ 11,800 livres par an. Il jouit de 60,000 : aussi vous voyez qu'il en est encore loin.

Une fille qu'il a bien aimée, & pour laquelle il a fait les plus grandes folies, est une certaine *Riviere*, danseuse à son théâtre. Il lui donnoit 10,000 liv. d'appointemens, & 15 louis par mois pour ses menus plaisirs, la dépense de sa maison payée.

Mais cette petite gueuse, amoureuse des deux sexes, n'a jamais amassé un sou. C'est assez facile à croire ; la premiere *goüine* qui lui plaisoit, elle l'entretenoit comme elle avoit entretenu le *petit Diable*, *Talon*, *Placide*, &c, &c, &c. qui l'un après l'autre lui passerent sur le corps.

Malgré cette conduite infame, *Nicolet* ne pouvoit s'empêcher de l'adorer, par la raison que l'amour est aveugle.

> Tel par sa pente naturelle,
> Par une erreur toujours nouvelle,
> Quoiqu'il semble changer son cours,
> Auteur de la flamme infidele,
> Le papillon revient toujours.

Mais sa femme, outrée à la fin de devenir la risée d'un chacun, fit tant & tant que *Nicolet* se vit contraint de renvoyer *Riviere*, qui n'a aujourd'hui que le Palais-Royal & les boulevards pour subsister.

On avoit fait courir le bruit qu'en sortant de la *Riviere*, il étoit entré dans la *Forest*; mais c'est une fausseté : *Nicolet* m'a assuré lui-même qu'il n'en avoit jamais tâté.

La beauté qui maintenant le retient dans ses fers est la grande sotte de *Fournier*, sortie de chez *Audinot* à Pâque pour entrer chez lui. Ceux qui l'espionnent, disent qu'il va tous les soirs, avant ou après souper, chez elle passer une couple d'heures, & que l'appartement qu'elle occupe étant trop petit, le tout sans difficulté se passe devant la mere qui s'y prête avec tout le zele dont est capable, en pareil cas, la mere d'une fille de théâtre pour *Nicolet*.

Le destin de ce *Nicolet* étant d'être toujours *cocu*, c'est dans ce moment que le beau *Dupuis*, l'un de ses sauteurs, lui en fait porter. Ce *Dupuis* est un assez bel homme, mais bête comme une hanneton, & sale comme un porc.

Toujours sur son théatre pendant que ses sauteurs s'escriment, ou que *le petit* Diable danse

danse sur la corde; sifflant à tout moment sans nécessité, par la grande habitude qu'il en a; dormir dans sa loge pendant qu'on joue la comédie, ou y amener une petite danseuse, & pour un écu de 6 livres, voir si la nature fait chez elle d'heureux progrès, ou distiller dans les mains blanches de cette belle, le plaisir qu'elle lui fait goûter, retourner siffler pour baisser une toile, éteindre lui-même les lumieres, mettre beaucoup d'amendes sans raison, être sans cesse de son théâtre sur le boulevard, & du boulevard sur son théâtre, prendre journellement de fortes prises de tabac, *ecce homo*.

Madame sa femme ne joue plus, & s'est retirée, comme je l'ai dit (quoique ses attraits fussent déja depuis longtems partis) pour avoir plus de tems à contempler en liberté l'amie qu'elle s'est choisie, & qu'elle chérit autant que *Raucourt* chérissoit *Soulke*.

Cette créature, haute & fiere, oubliant qu'elle a raccommodé des bas dans un tonneau, comme la *belle Margot*, ne vous rend jamais le salut que vous êtes assez sot de lui donner; feint, par ton, d'avoir l'ouie dure; a l'impudence de se mettre dans une loge de son spectacle & d'y lorgner le public, assottée de sa figure & se croyant accomplie. —

PREMIERE PARTIE. P

Disons un mot en passant des belles Nymphes qui composent ce théâtre.

Mademoiselle *La Forest*. C'est le physique d'une Vénus charmante dans tous les rôles de paysannes, d'Agnès, de petites maîtresses; mais dans les grands rôles de pieces & de pantomimes, pas assez de noblesse, trop de roideur dans ses gestes. Il est pourtant si aisé d'arrondir ses bras, quand on les a beaux.

Un infatigable auteur de pieces foraines, un Abbé *Robineau* en a été amoureux-fou, à ce qu'on prétend. Mais n'ayant pu rien obtenir d'elle, on dit qu'il s'en consola en faisant courir contr'elle des couplets affreux.

Un certain *la Rousse*, fruitier, retiré avec quinze à seize mille livres de rentes, est, dit-on, celui qui eut les premieres faveurs de la belle *la Forest*. On assure que ce plaisant personnage veut se donner des airs qui, loin de cacher sa basse origine, ne servent qu'à la rappeller sans cesse, ce qui a donné lieu de le qualifier du titre de Marquis *des Poirées*.

Bertin, Ministres des parties casuelles, étant venu sur les brisées du Marquis *des Poirées*, il étoit juste qu'il eut la préférence. Il logea superbement sa nouvelle maîtresse dans la rue Popincourt, au Pont-aux-Choux, & lui donna pour 60,000 liv. de meubles. Elle resta un an avec ce vieux débauché qui, dit-on, prenoit tout son plaisir à caresser sa jolie coquille avec la partie la plus élastique de la bouche.

Soit brouille ou refroidissement, au bout de l'année, *la Forest* rentra chez *Nicolet*, & repassa dans les bras de son ami, le Marquis *des Légumes*, qui en est fou, & avec qui elle vit fort décemment.

———

Mademoiselle *la France* est fille d'un nommé *la France*, jouant le rôle d'Arlequin à ce théâtre. Elle est grande, sèche, noire, barbue, la denture puante, marchant comme une oïe, voilà son physique ; mielleuse dans son parler, l'air froid en apparence, mais très-amoureuse dans le fond, voilà son moral.

Elle s'appliqua sur l'estomac quelques-uns des Comédiens & des danseurs qui lui plurent le plus, & finit par le maniéré *Talon* ; ce qui fit dire plaisamment *que la France se donnoit du Talon dans le cul.*

La plaisanterie eut son effet ; car, au bout de neuf mois, *la France* accoucha d'un petit marmot dont le petit bancale de *Talon* étoit le pere. Cet enfant a, maintenant, cinq ans & demi, se porte à merveille, & a pour nom *Saint Arnoud* : il falloit bien lui trouver un nom.

Le petit *Talon* s'étant dégoûté de la dégoûtante *la France*, jetta ſes filets d'un autre côté, & Mademoiſelle *la France* bannit le chagrin qu'elle eut de quitter ce perfide, en ſe faiſant faire un autre enfant dont elle va bientôt accoucher. Sera-t-il fille ou garçon ? Quel nom portera-t-il ? C'eſt ce que nous dirons dans la ſeconde partie de cet ouvrage.

Mademoiſelle *Roſalie*. Cette petite bamboche, de trois pieds & demi de haut, a commencé par jouer la Comédie en bourgeoiſie. Elle rempliſſoit les rôles de ſoubrette avec aſſez d'intelligence.

Cagnette, grippe-ſou à la ville, en devient amoureux & vécut avec elle. Vous ſentez bien qu'il ne fut pas ſeul poſſeſſeur de ſes charmes ; mais j'ai oublié les noms de ceux des acteurs bourgeois qui en firent porter au gros *Cagnette*.

On ſait particulierement qu'elle eut *Moriſeau*, directeur du théâtre ſur lequel elle jouoit. Mais on n'en parle point, parce qu'elle ne ſe prêtoit aux deſirs de ce dernier que par pure commiſération.

Quelques amis lui conſeillerent d'entrer au

spectacle de *Nicolet*. Elle s'engagea chez ce bateleur, conservant toujours son ami le grippe-sou, mais lui associoit l'élégant *Hochereau*, Officier de la garde de Paris, ensuite *le Lievre*, acteur de *Nicolet*, ensuite l'Abbé *Robineau*, ensuite *la Rousse*, le Marquis *des Poirées* en question, qui la laissa pour *la Forest*; mais celui-ci c'étoit tout différent; il payoit; ensuite de *Lor*, autre acteur de *Nicolet*, ensuite *Mayeur*, ensuite &c. &c. &c. &c., & combien d'autres, &c.

Avec autant de fatigue, il n'est pas étonnant qu'une femme voye en peu de tems les roses & les lys de son visage se flétrir; aussi se flétrirent-ils; mais ils ne l'étoient pas encore tout-à-fait, quand un nigaud de *Bougier*, homme de bureau, & pilier des *grands danseurs du roi*, se prit de belle passion pour elle, & fit la folie de l'épouser; elle eut de lui plusieurs enfans, dont il ne reste que deux.

D'autres disent que ce *Bougier* avoit pris *la vache & le veau*. Moi qui n'aime point à médire, je dis seulement qu'il n'a pas pris grand'chose. Elle est maintenant d'une laideur affreuse, le teint morne & livide, les yeux hagards, les joues creusés; elle n'est un peu supportable que sur les planches, où elle a soin de ne point se montrer fans beaucoup de blanc & de rouge, avec l'attention de toujours affecter de rire pour remplir le vuide de fes joues.

Et bien ! avec tout cela, elle a trouvé encore un affez jeune Marquis, qui a bien voulu prendre la peine de faire fon mari *cocu*, & lui donne de tems en tems quelques louis, avec lefquels elle achete les chiffons dont elle a befoin, & que fon mari lui refufe par le peu d'argent qui lui refte, vu les cadeaux qu'il eft obligé de faire à une certaine *Fanfan*, concubine dont il s'eft nouvellement épris.

Cette *Meffaline* vient de lui donner de quoi fe reffouvenir d'elle pendant fix femaines; ce que fans le favoir, il a tranfmis à fa femme; & que fa femme a par contre-coup tranfmis à fon Marquis.

———

Mademoifelle *Langlois*, premiere danfeufe, eft une petite tribade qui en conte, & s'amufe avec toutes les autres danfeufes.

Son maintien eft décent, mais fa conduite très-libertine. Elle fut dépucelée par un certain *Chevalier* qui, parce qu'il porte ce nom, s'en donne la qualité. C'eft un grand efcogriffe, qui vit d'efcroqueries fur le pavé de

Paris ; & il s'en excuse en disant *qu'il a bien des confreres pour revenir à Langlois.*

Depuis quelques jours, elle semble partager ses plaisirs entre les deux sexes. *Léger*, son danseur, a remplacé le grand *Chevalier*. Cependant, regardez-les ensemble, vous lui verrez toujours la vue baissée ; mais c'est qu'elle est attachée sur le bouton de la culotte du Sr. *Léger*.

———

Mademoiselle *Fournier* sort, comme je l'ai déja dit, de chez *Audinot*, sert aux plaisirs du gros dindon de *Nicolet*, & s'en dédommage avec le beau *Dupuis*, sauteur, qui a plutôt l'air d'un fort de la halle que d'un danseur.

———

Mademoiselle *Seurette*, est sœur de *la France* : elle étoit folle à lier du *petit Diable*. Il vient de partir en Angleterre. Celui qui se présentera sera bien venu ; car il lui en faut, à quelque prix que ce soit.

Desir de fille est un feu qui dévore.

———

Mademoiselle *Bellingant* est une danseuse qui, avant d'être chez *Nicolet*, étoit aux *variétés* ; elle vivoit avec un couple-jarret & un croc qui lui fit un enfant. *Volange*, le sot *Volange*, (autre acteur) a defiré de voir si cette belle danfoit auffi bien au lit qu'au théâtre.

Après lui, ce fut un coëffeur qui s'endetta pour elle, & fut contraint de la laiffer-là, s'appercevant, mais trop tard, qu'il étoit fa dupe.

Après lui, l'avantageux *Ribier*, qui, à son tour lui mangea le peu qu'elle avoit, lui donna la vérole, la battit, la quitta, & en eft toujours aimé.

Elle vient de fe faire donner quelques meubles par un Sr. *le Boſſu*, Cadet, commis d'un Architecte, qui, dit-on, finira par la maltraiter. Voilà une fille bien heureufe!

———

Mademoifelle *Alphonfine* eft une petite coquine, de la plus jolie figure du monde, donnant de l'amour à qui veut en prendre, & n'en prenant pour perfonne.

Elle commença par appartenir à un Sr. *Neveux*, acteur d'*Audinot*. Elle n'avoit alors que douze ans, elle en a maintenant quinze, bien faits.

Enfuite elle coucha avec un libertin, nommé *Boudet*, qui l'a mife dans le cas d'aller de pair avec fon cher *Neveux*.

Enfuite, *Audinot* en devint amoureux : il lui fit meubler un appartement dans le fauxbourg du Temple ; mais le petit fat de *Mayeur*, toujours à l'affut du nouveau gibier qui fe préfentoit dans fes terres, eut envie d'elle, le lui dit, & en fit ce qu'il voulût ; & *Audinot*, inftruit de la conduite de fa *Vénus*, la chaffa de fon appartement & de fon théâtre.

Nicolet fut fon refuge : elle étoit jolie ; il la reçut à bras ouverts, coucha avec elle, environ quinze jours, & la laiffa paffer au Chevalier de *Ségur* qui l'entretient affez bien. Elle fut brouillée quelques jours avec lui, par la raifon que, pendant un voyage qu'il fut forcé de faire, elle lui en fit porter par un Américain, dont elle eft maintenant groffe.

Mais, quel pouvoir les femmes n'ont-elles pas fur nous ! Elle parvint à perfuader le Chevalier de *Ségur* qu'elle lui avoit été fidele, que l'enfant étoit de lui, & mon Chevalier continue à lui faire du bien.

Toutes les autres font en attendant de bonnes fortunes, & font ce que leur âge peut leur permettre. Celles fur-tout qui ont de jolies mains, ont foin de le faire remarquer aux amateurs.

Paſſons au théâtre de l'*Ambigu-Comique*, & diſons d'abord un mot de ſon Directeur. J'avois donné, il y a quelques années, ſa confeſſion ; mais la police m'en ayant réprimandé, je trouve ici le moyen de me venger. Et pourquoi la vindication nous feroit-elle étrangere à nous, ſimples mortels ? On dit qu'il faut toujours copier plus haut que ſoi, &

La vengeance eſt le plaiſir des Dieux.

Audinot, né en Lorraine de parens pauvres, gardoit les vaches de ſes voiſins pour ſe faire un petit revenu avec lequel il ſubſiſtoit. Mais las de faire un tel métier, & ayant entendu dire aux vieilles du voiſinage qu'on ne faiſoit jamais fortune dans ſon pays (proverbe qui s'effectua pour lui par la ſuite) il partit, un beau matin, de Lorraine, des ſabots aux pieds, une paire de ſouliers dans la poche d'une grande veſte de bure, la tête cachée ſous un épais bonnet de laine, un mauvais chapeau par deſſus, à la main une gaule, qui, appuyée ſur ſon épaule, ſoutenoit un paquet de quelques chemiſes de toile griſe.

Il avoit alors ce teint frais & vermeil qu'ont nos villageois; gras, bien portant, un peu hâlé, à la vérité, mais, malgré cela, d'une figure aſſez revenante.

Quelle différence ! Aujourd'hui maigre, décharné, le teint plombé, les joues enfoncées, un regard hypocrite, un corps qui ne reſpire que par le ſouffle de l'envie, enfin une exiſtence ſi éphémere, qu'on croit, en le fixant, voir un ſpectre animé, avec cela, un mouchoir pour cacher une levre livide qui diſtille le Mercure, fruit d'une débauche infame.

Arrivé à Paris, le premier ſoin d'*Audinot*, fut d'aller trouver un de ſes freres, qui tenoit une boutique de perruquier au fauxbourg St. Germain. Ce frere lui apprit ſon métier, & ce métier a fait ſa fortune. D'abord, coëffeur des baladins du Boulevard, enfin devenu baladin lui-même, il eſt, à l'heure où je parle, grand Seigneur.

Protégé par le feu Prince de *Conti* à qui *Audinot* procuroit les plus jolies femmes qu'il connoiſſoit, & à l'aide des avances de Son Alteſſe qui lui étoit fort attachée, il forme ſon théâtre de *l'Ambigu-Comique*.

Ce ſpectacle ſeroit aſſez agréable, ſi le Directeur vouloit employer le goût qu'il a, ſans contredit, & qu'on ne peut lui contester. Mais ce paysan *Audinot* est, aujourd'hui, un Prince qui passe six mois de l'année à la campagne ; il laisse le soin de son spectacle à un autre, & ce n'est pas ainsi qu'on acquiert la bienveillance du public ; il ne lui offre que des drogues, des ordures qui le font déserter de chez lui.

Audinot est un homme à bonne fortune. Il a eu pour maîtresse *la Prairie*, qui, quoique mariée, lui a accordé ses faveurs. De cette *Prairie*, il a eu deux filles, dont l'une est entretenue par le Prince de *Soubise*, & l'autre est à l'Opéra.

Il s'est marié à une *Jeannette*, joli minois, appartenant à des parens dans la derniere des miseres. Sa mere blanchissoit des bas, elle les raccommodoit, & son pere étoit commis à la barriere.

Au bout de trois ans, *Jeannette* voyant les desirs de son époux témoigner d'avoir des enfans, elle s'en fit faire un, par le Marquis de *Persan*. Aujourd'hui, c'est le fils de *Vernet*, Peintre, qui partage les faveurs de cette belle, qui ne l'est pas trop.

Terminons par le portrait des Laïs de l'*Ambigu-Comique*.

Ce théâtre n'a rien de remarquable en femmes que *Julie*, *Fiatte*, *Rousseau* & *Lolotte*. Je ne dirai que deux paroles de chacune d'elles.

Julie est une charmante petite coquine, dont il seroit difficile de nommer les amoureux & les entreteneurs ; elle ne s'attache pas plus à l'un qu'à l'autre ; le *nouveau* seul lui plait : & à chaque réprimande qu'on lui fait sur cette légereté qui, à coup sûr, ne tourne point à son profit, voici son refrain :

Désormais je serai sage,
Encore celui-là.

Laissons-là donc changer d'amans, comme de chemise, & voyons *Fiatte*. Un croc, du nom de *Dumesnil*, chacun le connoît pour tel, lui fit un enfant ; de son côté, il contracta des dettes, fut enfermé au Fort-l'Evêque, trouva le moyen de s'évader, & est maintenant réfugié au Temple, où *Fiatte* le soutient avec ce que lui donne *Alison*, Maître-d'Hôtel du Maréchal de *Duras*.

Mannette Rousseau perdit son pucelage avec un bâtard du feu Marquis de *Marigny*, qui, par sa mauvaise conduite, s'est fait enfermer.

Mannette, en son absence, prit un nommé *Magneu*, officier des Gardes-Suisses, qui s'endetta pour elle au point qu'il eſt, à ſon tour, en lieu de ſûreté, pour lui donner le loiſir d'arranger ſes affaires.

Le petit *Marigny* vient de reparoître ; rien ne l'empêchoit de rentrer dans ſes droits ; il y rentra : mais qu'il les trouva aggrandis !

La mere de cette petite a une ſinguliere manie. Ne voulant point paroître avoir quelqu'un qui entretienne ſa fille : ceux qui vont chez elle, n'ont l'air d'y entrer qu'en qualité d'adorateurs, & recevant d'eux par-ci par-là quelques cadeaux, ſans tirer à conſéquence, la petite fille s'évade au jardin, l'amant la ſuit, la mere ferme les yeux. . . .

Un moment après, Madame *Rouſſeau* appelle *Mannette*. — ,, Que faites-vous dans le jar-,, din, Mademoiſelle ? — Maman, je cueil-,, lois des ceriſes. — A la bonne heure ! "

L'amant enchanté croit avoir joui de la beauté à l'inſçu de ſa mere. Quel plaiſir pour lui ! Ah, le nigaud ! Mais, combien la mere *Rouſſeau* en a fait ainſi, ſans avoir l'air de conſentir à rien ! . .

Lolotte Delaire commença par figurer dans les ballets d'*Audinot*, enſuite entra aux éleves de l'Opéra. — *Deshayes*, ſon maître à danſer, l'engagea aux François ; mais à ce théâtre, l'on ne fait pas autant de connoissances qu'aux boulevards; elle ne s'en apperçut que trop, & revint chez *Audinot.*

Ce dernier paya pour avoir sa rose; il le crut: tant mieux pour lui.

Le Comte *Edimbourg*, connu par son procès avec le Marquis de *la Riviere*, paya aussi pour avoir sa jeune rose, mais si *Audinot* l'avoit toute épanouie, jugez comme celui-ci la trouva !

Elle attrappa au théâtre François ceux qu'elle put. Je ne l'ai pas suivie si loin; mais je sais que depuis qu'elle est retournée aux tréteaux, elle s'en fait donner par son perruquier.

—— Voilà qui est assez parlé de ces *Laïs* & de ces *baladins* pour une fois. Si le public s'amuse de ces anecdotes, je pourrai lui en fournir encore un chapitre, l'année qui vient, & qui ne sera pas moins piquant que celui que je lui offre aujourd'hui. On trouve toujours tant à dire, quand

Des sottises d'autrui l'on compose son fiel.

HISTOIRE DES TRIPOTS, DES TRIPOTEURS & TRIPOTEUSES DE PARIS, POUR L'INSTRUCTION DE LA JEUNESSE FRANÇOISE & ÉTRANGERE.

Qui donc fait taire ici la loi prudente & fage,
Qui des jeux de hazard profcrit le fot ufage,
Ce n'eft pas toi, LOUIS !

LES tripots à Paris font les égouts de tous les aventuriers & de tous les mauvais garnemens dont cette capitale eft peuplée. Ceux qui les fréquentent, commencent par être joueurs, & finiffent par être efcrocs. Ceux & celles qui les tiennent font tous & toutes, des gueux & des gueufes.

Ces tripots font de vrais coupe-gorges ; les forêts font moins dangereufes pour les voyageurs, & les bordels moins à craindre pour les jeunes gens. Il n'y a, dans l'année, ni jours ni nuits qui ne foyent marqués par la ruine de plufieurs peres & de plufieurs enfans de familles ; les fêtes mêmes ne font pas refpectées ; & telle eft l'avidité de la Police, que l'on joue en tout

tout tems. De ces tripots, on a vu sortir des gens ruinés, devenir Incendiaires, assassins, voleurs; d'autres désespérés, n'ont fait qu'un saut de ces tripots à la rivière.

Je vais tracer à grands traits l'histoire des Tripoteurs & Tripoteuses de la capitale des Welches; attendez-vous, Lecteur, à voir un tableau chargé d'abominations.

Moi, je voudrois pour ma part que le Diable emporteroit tous les joueurs & toutes les joueuses; que tout l'enfer & tous les Satans de l'enfer se déchaîneroient contre les inventeurs du *Biribi*, du *Pharaon*, du *Trente* & *Quarante*! Je voudrois que la terre s'entr'ouvriroit tout-à-l'heure, & engloutiroit tous les tripots! J'y ai perdu tout mon argent, mon château, mon régiment, &, sur ma parole, deux mille Louis d'or que je ne suis pas en état de payer.

Je voudrois que l'on jetteroit dans un cul de basse-fosse la *Lacour*, la *Dusaillant*, la *Laforêt*, & la *Demare*! Je voudrois que la *Denain*, la *Morelle*, la *Cardonne*, la *Montaiguë*, la *Bonelle*, les *Dufresne*, toutes ensemble cousues dans un sac, fussent jettées au fond d'un puits! Cent malheureux qui pourrissent dans les cachots de Bicêtre, ont cent fois moins été funestes que toutes ces canailles de femmes à *tripot* dont Paris est infecté.

Je voudrois que Dieu puniroit d'un chancre, de la peste ou de la vérole le Magistrat de la police, qui contre toutes les loix de l'ordre, a établi ces jeux détestables ! Je voudrois qu'une heureuse révolution pût, de nouveau, anéantir le Parlement qui les souffre & les autorise : je voudrois que, d'une seule lettre de cachet, on pût envoyer, pour jamais, en exil, tous ses membres aux Antipodes ! . . .

Oh ! mere malheureuse ! Oh ! pere respectable ! ne suis-je donc venu à Paris que pour vous donner la mort ! — Non, non, je ne puis plus survivre à la douleur que vont vous causer mes dissipations ! O femme chérie ! O chers enfans ! je vous rends malheureux à jamais ; il ne me reste que le désespoir & la mort ! — Le désespoir me jettera dans l'eau, mais ce ne sera qu'après que j'aurai mis le feu à la chambre de la *Dufaillant* : le même désespoir me menera, peut-être, sur les grands chemins pour y détrousser les passans, & de-là à la potence, &, peut-être, à la roue ; mais ce ne sera qu'après que j'aurai brûlé la cervelle à l'infame *Lacour*. . . . .

J'étois, Lecteur, dans ce concert infernal de

blasphêmes & d'imprécations, lorsqu'un religieux Janséniste qui m'entendoit, me dit : " il y a, Monsieur, de très-grands dangers à ces partis que vous inspirent le désespoir. Vous n'êtes pas né pour être étranglé à la potence ou rompu vif sur la roue : vous êtes jeune, & vous pouvez trouver encore dans vos parens, vos amis, dans vos bras même, s'il est nécessaire, des ressources contre le malheur qui vous égare. Vous avez perdu votre régiment, votre argent & vos biens, mais l'honneur vous reste, & votre famille tient encore plus à l'honneur qu'à l'argent. — Je voudrois bien savoir, Monsieur, quelles sont les Dames dont vous avez parlé, & dont le seul nom allume votre fureur ? "

Ce sont des gueuses, des coquines, m'écriai-je, à l'instant.

" J'ai peine à croire, (me répliqua mon Janséniste) ce que, dans votre douleur, vous me dites de ces femmes & de leurs maisons ; je connois encore moins l'intérêt que peut prendre la respectable *Police* de notre capitale, à laisser subsister ces *coupe-gorges* au milieu de Paris. "

En me parlant ainsi, l'humain Janséniste cherchoit à s'inſtruire, & à me diſtraire du déſeſ-poir auquel j'étois livré.

" Avant que je périſſe, Monſieur, (lui dis-je) je veux vous apprendre l'hiſtoire de tou-tes ces putains de femmes, & vous faire part auſſi des arrangemens qu'on prend avec le Lieutenant de Police & avec ces infames agents pour tenir des tripots...... "

La *Lacour* eſt fille d'un laquais du premier Préſident du Parlement, Meſſire *Etienne-Fran-çois d'Aligre*. Ce Préſident premier, & Cordon bleu, par deſſus le marché, uſa de l'enfant de ſon laquais comme d'un bien propre. De ce commerce, il vint deux filles; Sa Grandeur en agit avec elle comme un Jardinier qui ſe croit en droit de goûter les premiers fruits des arbres qu'il a greffés.

Ce Magiſtrat ſuprême, ne voulant rien dé-bourſer ni pour l'entretien de la mere, ni pour celui des filles, trouva, dans les reſſources de la juſtice, des moyens d'en faire payer les frais par le public.

Il les recommanda à Meſſire *Antoine-Rai-mond-Jean-Gualbert-Gabriel de Sartine*, chargé, alors, de la Police, & qui, comme tout le monde ſait, la faiſoit à merveille, avec *une bande de dix à quinze mille eſpions* qu'il ſoudoyoit & répandoit dans Paris & dans les quatre coins du royaume.

Ces espions étoient, pour la plus grande partie, des laquais, des Abbés ou des Chevaliers de St. Louis; il avoit mis à prix l'industrie des uns & la fidélité des autres. C'est avec de pareils émissaires que *Sartine* savoit ce qui se passoit dans l'intérieur des familles de Paris, chez les Princes comme chez les Grands, chez les bourgeois & dans le peuple.

Un Magistrat avoit corrompu les Laquais, les servantes, & on appelloit cela bien faire la Police. On a là-dessus des anecdotes singulieres, & la Comtesse de *Tessé*, & le Duc *d'Avray* se plaisent d'en citer deux qui leur sont particulieres. Je les tais par respect pour Madame la Comtesse, & pour Sa Grace, M. Le Duc.

Ce qui est notoire, c'est que, sous ce digne Magistrat, fortuné & unique, la tristesse & la méfiance contristoient tous les ménages de Paris, comme à Rome au tems de *Tibère* & de *Séjan*.

C'est encore sous sa magistrature que s'établirent les tripots. Non seulement il les toléra, mais il les protégea. C'est à des courtisans qu'il favorisoit, ou qui avoient de jolies

Q 3

filles, qu'il en donnoit la direction; & comme ces Académies, de si belle institution, devinrent des maisons de liberté, où l'on se mettoit à son aise pour parler des affaires publiques, il se servoit de ces courtisannes pour savoir ce qu'on disoit du gouvernement, & de son administration; & c'est du rapport de ces femmes & de celui de ces émissaires qu'il soudoyoit, qu'il composoit ce fameux journal si menteur & fait à sa guise, avec lequel il allarmoit ou tranquilisoit à son gré *Louis* XV & le Duc de *Choiseul*, ce Ministre déprédateur. C'est aussi de cet établissement, que le public indigné voit un *Bouchinai*, valet de chambre de ce Magistrat, jouir de cinquante mille livres de rente, & traiter au pair avec lui.

Ainsi donc, un Magistrat de Police établi pour maintenir l'ordre, & qui est à Paris ce qu'étoit à Rome *le censeur des mœurs*, loin d'y veiller, y a introduit des maisons de ruine, de désordre & de mauvaises mœurs.

M. *le Noir* qui, dans le premier Président, ménageoit le parti dont il avoit besoin, ou qu'il pouvoit craindre, donna à la *Lacour*, connue publiquement pour faire les menus plaisirs de ce premier Magistrat, un privilege de jeux de hazard. Elle eut successivement le *Bi-*

ribi, le *Pharaon*, la *Bouillotte*, & avec un tel appui, malgré les plaintes qu'on a portées contr'elle, malgré les aventures arrivées dans sa maison qui auroient conduit toute autre à l'hôpital, malgré les cris & l'indignation publique, elle n'a essuyé aucun revers.

Les *Dusaillant* ne valent pas mieux. Je ne m'appésantirai pas sur les détails de la vie privée de la tante. Un vieux Financier de l'espece qu'on appelle dans le monde un *My Lord pot-au-feu*, lui monta une maison où le luxe, l'opulence & le goût regnerent bientôt.

Ce Financier jouissoit en public du doux plaisir d'entendre dire qu'il avoit, pour maîtresse, une femme charmante : mais, hélas ! y a-t-il jamais de plaisirs sans peine ! Un Inspecteur de Police jouissoit en secret des faveurs de la maîtresse. Le *Plutus*, trompé, mourut de chagrin, & la *Dusaillant* alloit rentrer dans l'indigence, si l'Inspecteur & la Police ne fussent venus à son secours.

Le Lieutenant de Police, *Sartine*, qui étoit alors un de ces instrumens dont la providence se servoit pour convertir la boue en or, lui permit, à la recommandation de l'Officier, & après qu'il eût jetté un coup d'œil sur une parente qu'elle confervoit pour la feconder, d'ouvrir un jeu public.

Dufaillant fut reconnoiffante, &, dans ce moment de fenfibilité, fit paffer l'infpecteur, de fon lit dans celui de fa niece ainée, & des bras de celle-ci, dans les bras de la cadette, toutes les deux ayant préalablement offert leurs charmes à la difcrétion du difpenfateur des graces.

La *Demare* fut d'abord fervante de cabaret. Jamais fille de cette efpece ne fut plus complaifante pour les voyageurs. Plus d'un, qui étoit arrivé à cheval au gîte de la créature, n'y pût remonter le lendemain pour avoir trop monté la mégere. Elle exerça enfuite avec un fuccès chancelant le métier de femme publique. Ses charmes perdus, manquant de reffources, le Lieutenant de Police qui, comme nous l'avons dit & le dirons encore, eft un inftrument dont Dieu fe fert pour convertir la boue en or, lui tendit une main protectrice. Elle ouvrit avec privilége un tripot : elle eut une table bien fervie, d'excellens vins : on courut chez elle pour diner, fouper, jouer & fe ruiner.

On reproche à cette créature diffamée de faire commettre le crime chez elle, pour le plaifir infernal d'en nommer les auteurs à la

NOIRE 249

Police ; & par ce moyen, digne des furies, se procurer l'entrée chez le Magistrat dans tous les tems.

La *Cardonne*, née à Versailles d'une blanchisseuse aux casernes, fit un enfant à treize ans. Des escrocs l'associerent à leurs fonctions ; à dix-sept, elle vola de ses propres aîles ; à vingt, elle fut fille & femme à toutes mains & à tous les jeux.

Livrée de bonne heure au service des laquais & des cochers (dont elle payoit les gages avec son corps) des porteurs d'eau, des prêteurs sur gages, des soldats, des moines, elle fut souvent pourvoyeuse. Des jeunes Seigneurs, d'agens de change, des gens de finance, mais diffamés, la protégerent.

L'un étoit ce prêteur de gages insolent, nommé *Ressier* ; l'autre ce fameux *Berenger*, qu'on a vu racoleur, espion, mendiant, puis riche ; valet de tripot, puis joueur en chef, chassé de la Connétablie.

Ce fut en quittant le service de ce dernier, que la *Cardonne* tomba dans une misere si affreuse, qu'elle se faisoit conduire dans les fiacres sur les places publiques ; & enfermée dans ces sallons, elle y travailloit à moitié de profit avec les cochers.

Un garçon perruquier la remit sur le plus haut ton : & fortunée actuellement, elle dispense les graces du premier Président, de l'Avocat-Général *Séguier*, du Procureur du Roi, & tient le tripot le plus gros de Paris.

Les *Dufresne* sont de Lyon ; leur nom est *Picard*. Leur pere étoit savétier au coin, & leur mere vendoit des fleurs à la porte des spectacles. Cette tendre mere trafiqua de bonne heure des charmes des quatre filles qu'elle avoit : elle comprit que ces bouquets lui rapporteroient plus que les paquets de violettes.

Liennette, la cadette des quatre, n'étoit point encore nubile, lorsqu'elle fut vendue *vingt écus* à un jeune Officier de la même ville, fils d'un banquier de la rue des *trois Carreaux*.

Ce jeune homme avoit du goût pour cette famille. Déja, il avoit vécu avec l'aînée de *Liennette*, qui étoit morte de la vérole : il craignit la corruption de *Liennette*, l'envoya à Montpellier, d'où elle passa à Bordeaux. Elle n'y fut pas heureuse. Elle vint à Paris où tout se vend. Un marchand de la rue *aux Fers* en prit soin, & ne l'enrichit pas : au marchand succéda le Duc de *Berwick*, homme avare, impudent, luxurieux, que les jeunes gens montrent au doigt, & qui, chaque jour, traî-

ne son inutile & crapuleuse existence d'un lieu
de débauches dans un autre. Son avarice ou
son impuissance lui firent quitter *Liennette*, qui
s'en consola par un travail journalier aux Tuileries, dans les ruelles & dans son taudis, &
allant dans les petits spectacles des Boulevards.

Ce fut dans une de ces courses qu'elle racrocha, un soir, un des gens du Duc de *la Vrilliere*; un autre jour, un valet de chambre du
Comte d'*Estaing*. Sur le récit des valets, les
maîtres vinrent voir la *Phrynée*.

Elle persuada au Duc de *la Vrilliere* qu'elle
étoit grosse de ses œuvres: elle fit, de cette impuissant, un Hercule, en accablant son Duché
de trois enfans, qui ne connurent non plus
que *Liennette* même, jamais leur pere; & sous
prétexte d'un soin particulier rendu à ces êtres
du hazard, elle obtint par cette suppositon
une permission de jeu : & M. *Le Noir*, qui est,
aujourd'hui, à la tête de la Police, & dont
Dieu se sert, lui a permis aussi un tripot; *Liennette* criant, " j'ai vécu avec feu M. le Duc
„ de *la Vrilliere*, regardez son enfant " s'est
acquis une considération parmi les filles de son
état, & tient enfin son tripot & son bordel
rue de *Richelieu*.

On ne joue encore chez *Liennette* que la

Bouilloite. Le produit de ce jeu n'eſt pas bien conſidérable. Elle ſe flattoit d'une meilleure fortune ſans la diſgrace inopinée de ſon ami *Sarraire*, mais recommandée à l'ami *Gombaud*, qui eſt auſſi *Lyonnois*; on ſe flatte d'avoir l'honneur dans peu de coucher avec lui, &, au ſortir du lit, d'obtenir un *Biribi*. C'eſt en attendant le délicieux moment que *Liennette*, qui couche avec tout Paris, réchauffe en cet inſtant, contre ſes tettons mollaſſes le S. . . . . Greffier au Châtelet.

La groſſe *Dufreſne*, ſœur de *Liennette*, eſt la très-humble ſervante du Logis, laide, dégoûtante, mais adroite. Perſonne ne donne avec plus de grace le baſſin dont on ſe ſert au ſortir de la chaſte couche de *Liennette*.

Je ne dirai que deux mots de la *St. Fermin*, & de la *Laforêt*. Toutes les deux ont leurs académies ſcandaleuſes au Palais-Royal : ce ſont deux fameuſes putains de Paris ; je les connois malheureuſement toutes les deux.

L'une, en me careſſant, m'eſcamota ma bourſe ; l'autre me donna une chaude-piſſe cordée, & ſi bien cordée, qu'ayant pour la faire traiter, prolongé mon ſéjour dans la Capitale, elle fut la ſource de mon dérangement, de toutes mes pertes & de tous mes malheurs.

C'est de cette putain effrontée, luxurieuse & rongée de vérole qu'on disoit, il y a deux ans: " que la *Grenade* avoit coûté moins de „ Soldats à l'Angleterre, qu'il ne s'étoit em- „ poisonné d'Anglois dans ses bras. "

C'est cette même *Laforêt* qui se vante qu'il n'y a pas une nation dont elle ne connoisse la maniere & le goût de prostitution, par l'usage qu'elle en a fait.

O MŒURS! QU'ÊTES VOUS DEVENUES? On permet des tripots, non-seulement à des prostituées, mais encore à celles qui, par leurs longues débauches, sont devenues le rebut de la valetaille; à la *Desmahis*, à la *Druot*, à la *Montaiguë*, à la *Dupré*, à la *Salle-Saron*, si universellement, & à si juste titre surnommée, *l'impudique* & la *voleuse*; à la *Morelle*, cette raccrocheuse dans les boues, & qu'on dit dressée à tous les exercices sur lesquels les débauchés de toutes les nations trouvent à assouvir leurs lascivités; chez laquelle *Sodome* comme *Venise* renaîtroient; à la *Bigot*, aux *Gérard*, aux *Denain*, aux *l'Estang*, aux *Poincot*, (ces trois dernieres ont épousé des croix de St. Louis, l'ordure de cet ordre respectable, & n'en sont ni moins coquines ni moins viles) & ce sont cependant ces créatures infâmes qui tapiffent la falle d'audience du Lieutenant de Police, & celle du Miniftre *Amelot*, leur protecteur, & de ce Miniftre étonné de l'être.

Ici, mon Janféniste m'arrêta tout court, pour me demander comment s'acréditoient les parties de jeu de ces putains.

C'eft, lui répondis-je, parceque leur maifon eft le receptacle de tous les garnemens, de tous les vauriens, de tous les oififs de Paris. La jeuneffe & la beauté vont s'y mettre à l'enchere, & fe livrer au plus offrant, parce que les courtifannes entretiennent une bonne table dans Paris. Les Seigneurs n'ont pas la leur mieux fervie & il en eft beaucoup qui ne le font pas fi bien. Elles ont encore le foin d'avoir à leur table & chez elles celles d'entre les filles publiques qui, par leur figure, leur lubricité ou leurs gentilleffes, c'eft-à-dire, leurs poliffonneries, ont acquis quelque célébrité chez l'un ou l'autre; *Lolotte* chez une, *St. Hilaire* chez l'autre; chez celle-ci la belle *Dupernon*, chez celle-là la gentille *Laborde*, la *Renard*, qui jadis figuroit dans ces tripots qui depuis.... mais, maintenant, je me tais....

Voilà ce qui attire. Quand une fois on y eft, l'appas du gain vous y retient enchaîné, & y prépare vos malheurs. Elles ont auffi un autre expédient pour s'achalander, c'eſt d'avoir des racoleurs à leurs gages qui vont à la découverte; & auſſitôt qu'un étranger, Anglois, Italien, Eſpagnol, Arabe, Turc ou Provincial eſt débarqué, ils le ſuivent à la piſte aux ſpectacles, aux promenades, & ne le quittent plus qu'ils ne l'aient entraîné dans quelque tripot où on l'a bien vite dévaliſé.

Ce que vous venez de me raconter eſt abominable, me dit mon Janſéniſte. Oh! oui: mais ce qui me reſte à vous dire l'eſt bien davantage. Le tableau que je vous ai tracé des femmes proſtituées n'eſt que dégoûtant; celui que j'ai à vous montrer eſt horrible.

Mon premier début dans le monde fut au Palais-Royal. Les vertus de l'auguſte Prince qui y tenoit ſa Cour, ſont au-deſſus de mes éloges. Après lui avoir été préſenté, je m'approchai d'une table de *Pharaon*. Trois infatiguables banquiers ſe relayoient pour tailler au jeu. Je hazardai un, deux, trois ou quatre rouleaux de vingt-cinq *Louis* chacun; je les perdis de ſuite. Cette perte continue m'interdit un peu. Je hazarde encore, en quatre fois différentes, quatre autres rouleaux; je fus auſſi malheureux.

La mine baſſe & commune des Banquiers

m'inspira de la défiance. Plus j'obfervois le front & l'œil de ces Banquiers, plus je croyois y démêler quelque chofe de finiftre & de faux : mais penfant que nuls autres que des Gentilshommes ne pouvoient tailler au jeu de S. A., je m'interdis tout foupçon fur leur probité.

Mon erreur ne dura pas long-tems, j'en fus bientôt tiré par l'expreſſion vigoureufe d'un joueur qui étoit auprès de moi, & qui, à la maniere dont fut tirée une carte, qui lui faifoit perdre fon argent, dit entre fes dents, " Ah ! „ les coquins ! " puis fe tournant vers moi, & jugeant à mon embarras que j'étois nouvellement préfenté, il me dit : " M. tout eft ref„ pectable dans ce Palais ; mais malheureufe„ ment un Comte de *Genlis* l'a infecté pour „ fon intérêt de ces trois fripons qui nous vo„ lent impunément deux fois par femaine. "

Au nom de *Genlis*, au mot de fripon, je frémis & voulus m'éloigner de cet homme qui me paroiſſoit fi fortement courroucé ; mais lui, s'appercevant de mon mouvement, me faifit le bras & me tenant auprès de lui, me redit avec encore plus de chaleur : " Oui, M., „ ce font trois fripons, je vous le répété, afin „ que vous n'en foyez point leur dupe.

„ L'un s'appelle *Fontaine* ; c'eſt celui qui
por-

porte cette plate figure, marquée de tâches de vin, & duquel l'épaule a mérité dix fois de l'être des armes de l'auguste maître de ce Palais. C'est le plus adroit fileur de cartes qui soit en Europe.

„ Il est affiché partout comme un fripon, noté à la Police, expulsé de tous les jeux bourgeois, & maquereau de moitié avec un nommé *Basse-Salle* qui racole pour lui, puis de compte à demi avec l'antique poupée de *Goudard*. Ils vendent, louent & achetent de moitié les créatures que l'on peut essayer sur son balcon au Palais-Royal.

„ Ce *Fontaine* a pour second un certain *Leger*, l'homme à la plus large main de France, qui auroit escamoté la Normandie & les Normands au Pharaon, qu'il fut tailler à Rouen, si le parlement de Normandie n'eut pas envoyé à ces Messieurs *Etignan*, *Bardache*, *Bouy* & *Leger*, le bourreau du ressort, pour leur notifier de partir, à peine de passer par ses mains. Tel fut l'ordre incivil d'une Cour qui, quoique membre pour un douzième de la Cour de Paris, ne pense pas comme sa mere.

„ L'autre s'appelle *Amiot*. C'est cet homme pâle, dont l'œil est souvent en dessous. Il a le col enveloppé d'une large & fort épaisse cravate. Il a cette précaution, pour que l'on n'apperçoive pas la marque du collier de fer, dont on le décora à Bruxelles, où on l'attacha à un poteau; pour être montré aux paſſans & en être reconnu, pour avoir volé toute la jeuneſſe de cette ville.

„ A la ſuite de cette repréſentation, qui édifia tous les gens de bien, on le chaſſa avec la fille d'une cafétiere auſſi notée, & qu'il avoit épouſée par convenance. C'eſt ce même *Amiot* qui, pris en volant aux Etats de Dijon, fut obligé de s'enfuir, pour ſe faire, par un terrible défaut d'habitude, décréter réellement à Rheims. Il n'échappa au bras de la juſtice que par la légereté de ſes jambes, & comme le cerf, il périra en ſe jettant à l'eau: c'eſt la ſeule reſſource qui puiſſe le ſouſtraire à la vindicte publique.

„ De Rheims, il vola à Spa. Dans ce ſéminaire des plus ſubtils eſcrocs, des plus grands fripons de la terre, il fut à l'inſtant Proféſ. Trop tôt reconnu, il s'en fût encore; & après avoir erré de climats en climats, il eſt enfin rentré dans celui où un brouillard épais & conſtant empêche longtems qu'on ne ſoit reconnu. Il l'eſt cependant, mais ça été plutôt à la lumiere qu'ont répandue les diamans que ſa digne épouse vient insolemment étaler au Palais-Royal. On la souffre avec impunité, & son impudence la fait triompher de sa misere, dont elle n'est sortie que par le crime même qui lui donna l'être. Ce couple insolent montre l'audace la plus décidée d'occuper dans la maison de *Fontaine*, l'appartement du Comte de *Genlis*, ce brave marin, si connu par le combat d'Oueissant, & si célébres par les parties de *Travonay*.

Ce gros joufflu qui s'appuye sur son épaule, est son associé; il porte le nom de *Dufour*. Cette masse informe de corps est un ramassis de toutes les iniquités : on la traîné de prisons en prisons pour vols & escroqueries.

Le Maréchal de *Mouchy* certifie l'avoir fait arrêter maintes fois, à Bordeaux, comme *escroc de profession*. Son adresse l'a toujours tiré d'affaire, & il fait aujourd'hui la partie du Maréchal Duc de *Noailles*, frere du premier.

Ce *Dufour* a eu un procès avec un de ses secondaires. Ils s'accusoient réciproquement de vols & d'infamies; on les a mis hors de Cour. Cet arrêt de faveur a coûté à la fille *Renard* des courses rapides, des soins infinis; sur-tout des complaisances entieres envers l'intégre Président de la Tournelle, de ce tems; & Madame *Bomier* a payé de la même monnoye pour l'adverfaire.

Dufour fut arrêté à *Pont-d'Ain*, pour s'être trompé en prenant, dans la poche d'un ami, fa montre pour la fienne. Cette reffemblance de bijoux le fit conduire en prifon à Grenoble. Il fut renvoyé en s'excufant que, dans la foule qu'attiroit, à *Pont-d'Ain*, le paffage de Madame la Comteffe de *Provence*, on devoit néceffairement excufer une pareille méprife.

Ce feigneur eft maintenant fur le pont de la faveur : il efcorte les vifiteurs nocturnes de la *Renard*, & chaque nuit lui vaut un protecteur. Cela, néanmoins, ne l'empêchera pas d'être pendu un de ces matins, quoique ce gueux, à la honte des loix, ait acquis une charge au tribunal de *l'honneur*. Cette décoration infultante au corps, aviliffante à la place, a à la fois fait rire & gémir les honnêtes citoyens.

Voilà, Lecteur, les recommandables banquiers, auxquels ont à faire, à Paris, les nationaux & les étrangers, & du miniftre defquels on fe fert dans les plus auguftes maifons de la capitale des Welches.

Rendez-vous de-là au *Luxembourg*. Vous ne foupçonnerez pas, fans doute, que, dans ce Palais de *Monsieur*, frere du Roi, tout ne respire la décence, la probité & la vertu ; mais quel sera votre étonnement, si vous penétrez dans une espece de souterrein ! Là vous verrez trois ou quatre cents hommes, mal & misérablement vêtus & confondus ensemble, le visage pâle, la contenance morne & inquiette, & tous les yeux fixés sur une espece de valet qui tire, d'un sac, un *numero*, & qui donne ou reçoit de l'argent. Dans cette tourbe, à peine appercevrez-vous un seul individu qui ait l'air honnête.

Vous y verrez un tas de malheureux ouvriers se lamentant sur leur infortune. L'un se plaint d'avoir perdu sa journée avec des voleurs, l'autre le salaire de sa semaine; celui-ci l'argent de son loyer, celui-là pleure sur le sort de sa femme & de ses enfans, qu'il a laissé sans pain; & tous, de concert, vomissent des blasphêmes contre le Magistrat & le Ministre, qui favorisent la cause de leur ruine, & maudissent le Gentilhomme complice de cette infamie. On le nomme le Comte de *Modène*.

Au nom de *Modène*, vous me demanderez quel est ce Comte ? C'est le Gouverneur du Luxembourg, un Gentil-homme sans valeur, sans mérite, & rongé d'une avarice sordide.

Il a loué à un prix énorme cet afyle pour tenir un jeu prohibé par toutes les loix civiles & religieufes.

Un des banquiers de ce tripot eft un nommé *Landrieux*, fils d'un colporteur, enfuite garçon de magafin, chaffé de ce pofte par inconduite. Après avoir traîné, pendant vingt ans, fa fale exiftence de tripots en tripots, tantôt pieds nuds, tantôt en voiture, il a époufé une bâtarde à laquelle on a donné, pour dot, le titre de banquier à fon époux.

Cette infame & indécente dot vaut à ce faquin de tripotier plus de cent mille écus. L'affocié de *Landrieux* ou *ladre-gueux* eft le fils d'un chartier. On le nomme *Chavigny* ou *Charivari*, (car fur fon infect cadavre on fait ce qu'on veut.) On ignore le vrai nom qu'il devroit porter. Il eft fi fripon qu'il vole la Police, les joueurs & fes affociés.

Vous ne fortirez, fans doute, Lecteur, qu'indigné du fpectacle qu'offrira à votre vue, dans cette falle fouterreine, ce tas de malheureux jurant & maudiffant les jeux, le Comte de *Modène*, & *Landrieux*, & fon fecondaire *Chavigny*.

Mais tranfportez-vous chez l'Ambaffadeur de Venife, vous ne ferez pas moins frappé des horreurs qui se passent dans la maison de ce Ministre, du nom de *Grandenigo*. On seroit bien loin de penser que le Représentant d'une République, réputée sage, fut capable d'avoir converti son hôtel en tripot : le fait existe pourtant chez ce fripon d'Ambassadeur. Sa maison est un lieu des plus dangereux de Paris.

Là, sont établies en titre quatre de ces filles galantes dont Paris fourmille, & leur état ne leur en laisseroit pas desirer d'autre, sans l'affreux inconvénient où elles sont de se prêter à des manœuvres diaboliques, pour ruiner ceux qui entrent chez Son Excellence, d'être ensuite obligées, au sortir du jeu, de passer le reste de la nuit au lit avec les valet-de-chambre, & d'être, le matin, en but aux caprices des maîtres.

Ces filles sont chez l'Ambassadeur au mois, toutes quatre aux même gages & au même emploi, celui de faire les honneurs de sa table. Elles sont toujours placées à côté des nouveaux venus; elles doivent, sans cesse, leur verser à boire, riant & chantant comme des étourdies, & pendant leurs plaisanteries, mettre, sans que l'on s'en apperçoive, dans la liqueur ou le vin qu'elles versent, une poudre dont l'effet est très-excitatif.

Au deuxième verre dans lequel cette poudre a pu être mise, ceux qui en ont usé, éprouvent une effervescence étonnante. Lorsque la belle humeur des convives est dans un degré convenable, l'Ambassadeur se lève, & pendant que les filles passent avec les nouveaux venus dans une chambre particuliere, où elles doivent entretenir le feu dont ces Messieurs brûlent déja, la table du jeu se prépare, les cartes s'arrangent & l'on se rassemble.

L'Ambassadeur prend les cartes, taille, passe huit coups, gagne *quatre mille Louis*, feint un mal de tête, en s'excusant de ne pouvoir donner de revanche, & laisse les joueurs s'entregorger ensemble.

Les filles ne doivent pas quitter la table du jeu ; leur emploi est de couper ; elles ont ce qu'on leur donne, & cela seroit souvent considérable pour elles, si ce vilain Ministre n'exigeoit pas qu'elles partageassent, avec les valets de chambre, la moitié de leur gain, pour leur servir d'appointemens. L'usage des gens de S. E. & ses ordres précis font que, pour faire venir tout à la masse, elles soyent toutes fouillées avant de sortir.

Outre la partie, qu'on appelle la *belle partie*, ou celle de S. E., il y en a une autre dans une chambre voisine, qu'on appelle la *partie publique*, & à laquelle préside un M. *Hazon*.

On ne sait trop quel est ce Monsieur; mais il a été dans la Magistrature & en a été chassé, & il a été plusieurs fois banni de Paris. On l'y tolére, aujourd'hui, mais on lui a défendu de toucher les cartes. Ce n'est pas qu'il ne les tienne, ni les manie mal, car, on dit au contraire, qu'il ne tire jamais d'une poignée de cartes, que celle qui lui convient. Quelque argent qu'il ait prodigué aux suppots subalternes de la Police, il n'a pu avoir ce droit.

Il a simplement obtenu la tolérance d'être à Paris; tout deshonoré qu'il est, on le voit pair à pair avec tous les Seigneurs *Cartonniers* de France. Le premier Commis d'*Hazon* est un *Dumoulin*.

Je ne puis autre chose dire de ce *Dumoulin*, sinon que c'est un ancien *Gendarme*, fils d'un Mercier Normand. Ruiné, perdu de dettes, & ne sachant comment exister, il offrit ses services à *Hazon* : celui-ci le prit à l'essai, & après s'être assuré, par un apprentissage de six mois, qu'il lui a fait faire dans la partie publique, de son industrie & de son adresse, il l'a reçu aux appointemens.

Il y a un an que ce *Dumoulin* étoit sans souliers & fans pain ; mais, à l'aide de fa figure, affez agréable, il étoit nourri par vingt tripotieres, desquelles il étoit le *Gréluchon*. On ne le connoiffoit que fous ce nom ; mais il a l'ame fenfible, puifque, depuis qu'il eft bien dans fes affaires, il entretient ceux gueufes qu'il mene en belle voiture à *Longchamp*.

Le fecond Commis d'*Hazon* eft un Italien, ancien valet-de-chambre de l'Ambaffadeur. On lui propofa, l'autre jour, des coups de bâton, il ne dit mot, & fut demander confeil à S. E. qui lui dit de gagner & de fouffrir.

On voit encore trois autres crocs chez S. E. j'ignore leurs noms, mais ils font tous de la même étoffe ; car pour fervir *Hazon*, il faut être à la fois, hardi, infolent, adroit & fripon.

Parmi les autres employés, on diftingue un perfonnage à mine égarée. C'eft *de Villier*; il a été palfrenier : s'étant enfui de France, il fut à Vienne, & s'y difoit Ecuyer. Il s'introduifit auprès d'un Seigneur Allemand ; mais ce malheureux valet & transfuge fut bientôt reconnu & chaffé.

A propos de Vienne, on dit que le Magiftrat de cette Capitale n'y loue pas, comme on fait à Paris, la permiffion de jouer des jeux de hazard que la loi a défendus.

Obfervez ce *de Villier*; voyez comme fa main agit ; il fait femblant d'ajufter fa vefte, & il gliffe quelques *Louis* dans fon eftomac.

Hazon ferme les yeux fur ces petites efcroqueries auxquelles font fujets tous fes employés; il regarde ces petits vols, lorfqu'ils ne font pas apperçus, comme on regardoit à Lacedemone le prix de l'adreffe.

Un grand drôle qui fe trouve encore dans le tripot de cet Ambaffadeur, c'eft *Martin* qui a ruiné fon pere, & qui a fait banqueroute. Il s'eft fait joueur, il vole, mais il eft mal-adroit. Il avoit quitté la France, y eft revenu, fuivant la coutume des banqueroutiers, & s'eft engagé à *Hazon*; il le fert mal : il n'y a guere plus de fix femaines qu'il laiffa tomber un double *Louis* qu'il gliffoit dans fa culotte : on le vit & fut manacé d'être chaffé.

Tous les autres facteurs d'*Hazon*, je les connois peu. Ils font de la troupe de *Spa*, & fervent fous les étendarts de *Genlis* & de *Menoux*. Leurs Capitaines font Mrs. d'*Argens* & d'*Algret*.

Ceux-là font des gens comme il faut, ils ont la croix de *St. Louis*.

C'eft dans cette troupe d'élite qu'on voit fervir cet impudent *Carelle*, qui, de laquais & de maquereau du Comte de *Jumilhac*, époufa la sœur du valet *Bouchinet*, lui servit de complaisant, de directeur d'Académie ; puis, à force d'argent, parvient à un tel degré de puissance & d'insolence, qu'on l'a vu tirer au court bâton avec M. *Le Noir*, & avoir le dessus.

Un autre, de la même bande, est si fripon & si connu, qu'il n'ose jouer ; mais il est payé pour faire signe & indication des cartes : On appelle cela faire le service. C'est le Chevalier *Grifon* ou de *Grifon*, l'ancien associé de *Cauvin*. On dit bien que le Sr. d'*Algret*, qui est, aujourd'hui, riche, est le fils d'un Cordonnier ; que c'est un de ces *Grecs* qui, par leur adresse au jeu, savent corriger les torts de la fortune : qu'il a ruiné tout son régiment en faisant jouer ses camarades : mais cela se dit tout-bas, parce qu'il est méchant. Il a été *maitre-ès-armes*, & fait mettre l'épée à la main ; ce qui fait qu'avec lui, on aime mieux perdre son argent que la vie.

Pour ce qui est de d'*Argens*, on dit hautement qu'il est un insigne fripon. Il taille, toutes les saisons, à *Spa*, aux gages de la compagnie, avec un ancien moucheur de chandelle de la comédie de Liége, du nom de *Jacques*, gros lourdaut, actuellement Garde-du-Corps de son Altesse Celsissime Mgneur. Le Prince Evêque de Liége.

Amiot, dont tout l'univers a entendu parler, pour avoir servi à l'inſtruction de la jeuneſſe étrangère, fut fait valet-de-chambre des cartes. D'*Argens* habite hors Paris, pour être moins expoſé aux fureurs de ceux qu'il a ruinés.

Revenons à M. d'*Algret*, mais parlons bas. — Eh bien ! Tout laid, tout *chafouin* qu'il eſt, il a été reçu pendant ſix ſemaines dans les meilleures maiſons. Il avoit prêté de l'argent à ſon Colonel qui le produiſoit ; mais le Colonel s'étant apperçu que ce Capitaine lui vendoit trop cher ſon argent, il le pria poliment de quitter le régiment, & lui fit donner la croix de *St. Louis* en échange de ſa démiſſion.

D'*Algret* s'aſſocia, enſuite, avec un Monſieur *Deſécotais*, autre honnête homme du tems.

A propos de M. *Deſécotais*, on l'a dit enfermé, parce qu'il voloit avec un Monſieur *Aucanne*. Ce dernier eſt banni : il méritoit d'être marqué d'un fer chaud ; & Mons d'*Algret* ne l'échappera pas, ſi l'on ſait tout.

Un autre drôle qui joue auſſi un beau rôle chez cet Ambaſſadeur de Véniſe, c'eſt *le Grand*, ſi aiſé à reconnoître par ſon viſage boutonné (c'eſt la vérole qui le déſigne) il s'appelle *Lezenne*.

Ce *Lezenne* étoit garçon perruquier. Il y a

peu de monde qui fréquente le tripot de S. E. qu'il n'ait rafé ou peigné. Je connois beaucoup ce M. *Lezenne*. Il a époufé la fille d'un nommé *Efprit*, le plus fameux faifeur de toupets de Paris.

Comme ce Seigneur eft intelligent & adroit, il quitta la perruque & le peigne, & fe mit au fervice d'un Gentil-homme gros & adroit joueur.

M. *Lezenne* étudia fous fon maître, prit de l'ambition, joua, vola, & fut heureux de n'avoir pas été pendu.

Alors il fe fit appeller DE *Lezenne*. Il fut à la *fubtile* école de *Spa*. Là, il vola de même, revint à Paris avec un bon magot, obtint une banque de *Belle*, prit une fille, & l'entretint avec éclat. On peut même dire, fans mentir, qu'il a pouffé au dernier degré ce genre d'infolence & de luxe, & qu'il a mis fur le plus haut ton la plus méprifable des Putains ; *la Cardonne*, blanchiffeufe ; & qui, comme le difent tous les promeneurs de la rue *St. Honoré* & du *Palais-Royal*, a, tour-à-tour, reçu dans fon lit, laquais, cochers, perruquiers, filoux, efpions, racrocheurs, moines & ramoneurs.

Perfonne n'eft, à ce moment plus infolent que ce perruquier. Les belles voitures font à lui. Il en a trois fur le pavé, la fienne, celle de fa femme & celle de la fille *Cardonne*; mais dans le fond, il eft lâche, bas, rampant.

Croiriez vous qu'à la honte du Gouvernement François, à l'erreur, ou, plutôt, à la fotife du tribunal des Maréchaux de France; ce faquin, fait tout-au-plus pour juger d'un chinon ou d'un toupet, a été reçu juge du *point d'honneurs ?* — O, mes amis! le plaifant juge! Tout Paris en rit. Les gens fenfés font indignés de l'indécence d'un pareil choix; & M. de *Lezenne* joue partout.

Comme ce Monfieur a accommodé, il eft très-accommodant envers ceux qui levent la canne fur lui. Deux garçons de tripot font à fes ordres & à fes gages.

L'un eft *Laporte*, ci-devant cuifinier de Lord *Stormont*, Ambaffadeur d'Angleterre; l'autre le fameux *Nollet*, qui fut valet-de-chambre pourvoyeur du Duc de *Villeroi*.

Ce *Nollet* obtint, de ce Seigneur, l'agrément d'aller ouvrir un jeu de *Belle* dans fon Gouvernement de Lyon. Son regne y fut de peu de durée.

Le danger de ce jeu & la fourberie du joueur firent profcrire l'un & chaffer l'autre. *Jufte jugement d'un peuple commerçant & calculateur!*

Nollet, coufu d'or revient à Paris augmenter la troupe des voleurs autorisés à dévaliser les oisifs de cette Capitale.

Deux personnages, encore plus fameux & bien plus dangereux dans ces tripots, & dont il faut que je vous entretienne, ami Lecteur, sont *Poinçot* & *l'Estang*.

Le premier est fils d'un aide de cuisine du feu Prince de *Conti*. Soutenu de la faveur de ce Prince, il s'enrichit de bonne heure ; mais, sans conduite, comme sans mœurs, il dissipa tout, & épousa une fille perdue, à laquelle il restoit une petite fortune qui lui permit de se couvrir d'une de plus tarées croix de *St. Louis* qui ayent existé. Il obtint un jeu de *Belle*, & prit à ses ordres un paysan, nommé *Guillot*, homme fort & vigoureux, & son substitut clandestin au lit de sa femme.

Poinçot, à l'aide de son secondaire, vola cent mille écus à la Police, fut insolent impunément ; &, pour éviter la punition qu'il étoit sur le point d'éprouver, il se fit adopter par le Sr. *Chalabre*, ce joueur le plus étonnant, & duquel la probité, l'adresse & la fortune sont un problème ; mais dont l'audace, qui mène à tout, l'a fait nommer le maître en chef de tous les Tripotiers.

C'est, au milieu de ce cercle brillant, que,

le public voit indigné, la platte & crotée figure de ce *Poinçot* & de cette partie respectable, par un contraste digne de cette ame de boue. On le voit rapporter les mépris dont il est couvert, au plus épais nuage des assemblées des tripots de Paris; mais le jeu, dit-on, comme l'amour unit tout, même *Guillot* le roué, le voleur *Guillot* avec *Adeline Poinçot*, grande coquine qui m'a mangé bien des *Louis* !

Quant à Monseigneur *l'Estang*, il est de bonne maison : il est décoré, comme trois ou quatre de ses confreres, de la croix de *St. Louis* qu'il traîne dans l'opprobre & dans l'avilissement.

Ce Seigneur *l'Estang* a épousé, par famine, une des filles *Gérard*. Il a ouvert une Académie de jeux, où il taille lui-même, & reçoit à ce métier cent camouflets par jour. Il permet à sa femme, suivant son usage, de dévaliser, dans sa chambre à coucher, tous ceux que la fortune épargnoit dans sa partie de jeu.

Par ce mariage abhorré par l'ame, ce Gentil-homme est devenu le beau-frere d'un *Bonnet*, banqueroutier, puis banquier, puis voleur, puis, enfin, chassé de Paris; car on ne part de cette capitale, que lorsque l'on a épuisé toutes les ressources.

PREMIERE PARTIE.

Telle est l'indulgente Police, qui, faisant de Paris une auberge, elle se soucie fort peu de ce que font les sujets qui y logent. On ne les invite à partir que lorsqu'ils ne peuvent plus payer.

Depuis le départ de cet homme à talens, sa femme que l'ami *Comboud* protége, a privilége d'un jeu, mais en jouit dans un genre nouveau. Elle a à sa solde un certain *Lagarde*, autre Chevalier de *St. Louis*, qui bat le pavé, court les cafés, & ramène les étrangers au domicile de la gueuse, qui les fait attendre par des *Grecs* instruits, & qui sont aux gages de la maison.

Tels sont les *St. Paul*, chassés des Mousquetaires par excès de talent au jeu.

Une troisième fille *Gérard*, porteuse d'une petite mine chiffonnée & qui plaisoit, dont la madrée coquine tiroit un excellent produit, épousa un Gascon qu'on venoit de renvoyer des Gardes du Roi.

Elle lui porta pour dot, en outre de son petit minois, une industrie qui lui valut le poste brillant de *banquier de la Police*.

Instruit par ses beaux-freres, ses sœurs & par sa femme, maître *Grame* fut bientôt aussi savant que ses maîtres, & *Fontaine*, *Amyot*, *Pierri*, *Dufour*, *Landrieux* ne filoient pas mieux la carte que ce nouvel aggrégé.

Il escamota cent mille écus à la Police, autant aux malheureux qui jouoient chez lui, puis s'enfuit. On l'a banni après, mais il est riche, & jouit avec impunité du fruit de ses rapines.

Je ne finirois pas, Lecteur, si je vous disois tous les noms des banquiers & de leurs infames employés. Ce sont des gueux & des escrocs, gagés par d'autres gueux & d'autres escrocs qui remplissent tout Paris de malheureux.

Parmi eux on voit un *Monbion*, ame vile qui *gréluchonne*, une vielle *Hervain*, & abandonne sa femme au premier qui s'en veut charger ; un *May* petit friponneau, qu'on a vu solliciter cet emploi avec la chaleur qu'on mettroit à la demande d'un emploi honorable ; un *Petit*, rebut de la nature ; un *Romi*, boucher indigne qui vendoit du cheval pour du bœuf ; enfin, un *Boyer*, que pour vol domestique, le Maréchal de Biron chassa, en lui disant : *vas te faire perdre ailleurs.*

Ce *Boyer*, intrigant obtint un jeu de *Belle*, & vola la banque avec *Catherine Picard*, dite *Dufresne*.

Catherine & *Boyer* se volerent ensuite réciproquement, & cela au détriment du Sr. *Sarraire*,

Inspecteur, chargé de la partie des jeux & intéressé dans tous.

Sarraire se fâcha : voulut retirer ses bontés à *Boyer*, mais comme un homme condamné à la potence, se fait bourreaux, *Boyer* pour l'éviter & conserver son intérêt, se fit espion aux gages de M. l'inspecteur. Dès qu'il pût voler avec privilége, il fut bientôt riche & insolent.

Ce *Boyer* entretient actuellement, rue *Bourbon-Villeneuve*, les vieux restes du magazin de l'Opéra, qui occupent un superbe appartement, & traînent un carosse, tandis que *Boyer* & sa gueuse n'auroient jamais dû avoir qu'un tombereau.

Ce *Sarraire* ! Quelqu'un le connoîtroit-il ? Quelqu'un l'auroit-il vû à Marseille ? Il y étoit employé sur une galère ; il en fut renvoyé par lâcheté. Obligé de ne plus s'y montrer, il vint à Paris où tout se cache & est confondu, pour y tenter fortune. Il avoit fait son voyage à pied, & servi de recors à un Inspecteur, qui amenoit un pendart.

Cette rencontre fait arriver *Sarraire* à l'hôtel de la Police. Il s'y faufila avec l'inconcevable *Bouchinet*, ce laquais opulent de M. de *Sartine*, qui disputoit d'insolence avec l'impertinent *Duval*, Secrétaire intime de ce Magiftrat, & qui jouoit auprès de fa perfonne le même rôle que le fat de *Gombaud*, fait à fi grands frais, mais non avec moins d'infolence, & bien plus de *lourdeur*, auprès du Miniftre *Amelot*.

Le laquais *Bouchinet*, accueillit *Sarraire*, le jugea capable d'être fon homme, lui acheta une charge d'Infpecteur de police, & à l'abri d'un tel crédit des cafuels de la place, l'induftrieux protégé fût bientôt centupler les fonds de fon protecteur.

Les fripons vivent rarement longtems d'intelligence enfemble. Ces deux drôles fe brouillerent fur la reddition des Comptes : aucun d'eux ne voulut céder rien & leur fortune n'ayant rien à perdre, ne rifquant que le mot d'*honneur*, ils ont porté leurs droits par devant les tribunaux.

C'eft pour éviter le fcandale qu'on a envoyé *Sarraire* faire la police à Breft. Là, fouftrait aux yeux des témoins de fon brigandage, il lui fera compté un fervice quelconque : on le joindra à celui duquel il fut chaffé, puis on fera valoir ceux qu'il aura rendu à la Police, *notre bonne mere*.

Puis riche & décoré, Mons *Sarraire* ira faire l'infolent à côté d'un *Demeny*, d'un *Bourgouin*, d'un *Lageniere*, la honte & l'opprobre des croix de *St. Louis*.

Pour *Bouchinet*, quoiqu'endormi dans un lit d'or, & entouré des chefs-d'œuvres des *Gobelins*, encadrés dans des baguettes, enrichies d'une sculpture dorée & recherchée, il n'ose brusquer son ami, par la crainte qu'il a que M. *Le Noir*, qui a déja mené durement l'ami *Carelle*, ne lui impose silence.

En attendant, ce *Bouchinet*, ainsi logé, traîne sa servile & sale existence dans un char superbe, traîné ci-devant par six chevaux, mais, par ordre, réduit à deux.

On assure que la dispute qui s'est élevée entre ces deux êtres n'a eu lieu que sur la remise proportionnelle qu'on devoit faire au Sr. *Gombaud* qui, comme intrus, étoit venu, par ordre, dîmer sur leur portion.

A ce nom de *Gombaud*, au rôle qu'il joue auprès du Ministre de Paris, arrêtons nous un moment.

Gombaud est né à Lyon dans la lie & la fange. D'abord, aux gages de M. *Pupil*, puis écrivain sous M. *Demion*, mais l'ami de *Pouteau*, ce bel esprit *Lyonnois*, premier Secrétaire, sans savoir écrire, d'un Ministre, dont l'Esprit (on entend l'Esprit-Saint) dirige toutes les œuvres, protégé de l'ami *Robinet*, ce Secrétaire massif du plus pesant Ministre, de ce M. *Amelot* que le Comte de *Maurepas* aimoit comme son fils, &, qu'en conséquence, il a élevé au Ministere, ce qui durera aussi longtems qu'il plaira à Dieu.

Gombaud devenu le chéri de M. *Amelot*, à peu-près comme le valet de Chambre *Lebel* pouvoit l'être de *Louis* XV; ce Ministre lui confia la caisse de sa Garde de Paris.

Ici commence l'origine de la fortune de *Gombaud* : il a été, ensuite, créé pour lui un emploi, jusqu'alors inconnu, de Caissier des Banquiers des *jeux de la Police*.

C'est dans cette caisse qu'il régit, que, chaque jour, tous les banquiers, qui taillent dans les tripots de Paris, sont obligés de venir prendre des fonds. Ce n'est qu'à cette condition qu'ils ont la permission de tenir les jeux. Chacun d'eux est payé à proportion de son talent ou de son industrie, & ils ne sont que les commis de la Police & de *Gombaud*.

A raison de cet emploi, chaque matin, notre *Sire* tient sallon, où ses nobles Employés viennent rendre compte de leurs fonds & du nombre des victimes qui ont été sacrifiées à leur cupidité, recevoir leur salaire, & verser dans ses coffres ce que leurs talens, la fortune ou leur adresse ont arrachés à des malheureux, qui, séduits par l'apparence d'un jeu trompeur, qui, en leur offrant la facilité de gagner beaucoup, en risquant peu, dévore en peu de tems leur fortune.

C'est sur les produits énormes de cet infâme trafic des jeux prohibés que le Seigneur *Gombaud* a monté la maison la plus dispendieuse; qu'il a la voiture la plus élégante; qu'il paye toutes les fantaisies de M. *Amelot*; qu'il acquitte les *bons* que chaque fille lui présente de sa part; qu'il pourvoit à l'entretien de la *Sainte-Hilaire*, cette vétérante & insatiable Maîtresse de ce Ministre, dont les charmes délaissés s'offrent en vain à qui les voudroit; mais entiérement maîtresse des volontés du maître, elle impose au valet le soin de la garder, de la produire & de la, de la .... Vous m'entendez bien....

La caisse des jeux, ainsi que le crédit d'en disposer, dépend d'un Sieur *Vougny*, qui, pour l'honneur de ceux à qui il appartient, auroit dû s'enterrer *tout vif* dans la fosse sépulchrale où il se laissa cheoir.

Ce *Vougny* bénéficie sur la caisse: il donne à certaines filles des permissions d'avoir des jeux de hazard chez elles. Il partage avec les unes ; il se contente de jouir ou de faire jouir de la fortune des autres. Aux unes il procure des pensions sur la caisse, & flatte les autres de l'honneur d'être présentés à M. *Gombaud*. Celui-ci, après l'essai, le conduit à son maître. Tel un fermier, empressé d'un bel extrait, conduit l'étalon à sa jeune jument, & paye, du fond de la caisse, le prix des soins & des plaisirs qu'on a procurés par ses ordres.

Pour être secondé dans de si belles opérations, *Gombaud* a appellé auprès de sa personne un certain *Pierri*, soldat déserteur, né à Lyon, près l'Eglise S. Nizier, de la plus vile femme que depuis cent ans on ait vu dans cette ville. Ce ne fut point avec son mari que cette femme fit cet enfant, ce fut avec un jeune officier de la rue des *trois Carreaux*, avec le même qui avoit eu la bouquetiere *Picard*, & ses deux filles qu'on nomme aujourd'hui *Dufresne*.

Ce *Pierri*, depuis son introduction dans ce Ministere de jeux, qui est le Ministere de toutes les iniquités, entretient à grands frais une Baronne de hazard, couverte d'or & de diamans. Le brevet de la Police à la main, il ose se présenter chez les plus grands Seigneurs qui veulent donner à jouer.

A la suite de cet autre *Grec* insolent & fastueux, on voit marcher un nommé *Dufresnoi* qui lui sert d'heiduque, & le nommé *Barbarou*, qui est son pourvoyeur, & dont la mere & la sœur font tour-à-tour le même service auprès de S. E. M. *Amelot*, & son impudent maître *Gombaud*.

Vous demandez ici, Lecteur, pourquoi l'Avocat-Général *Séguier* qui a fait tant & de si plats réquisitoires, contre les Philosophes, lesquels ne prêchent que la paix, l'ordre & les mœurs; qui a harangué plusieurs fois au sujet de ces philosophes, les chambres assemblées, avec le ton d'un pere de l'Eglise & le stile de M. *Lefranc*; qui a crié si souvent que tout étoit perdu en France, si on laissoit penser les gens de bien; n'en a jamais fait contre les filles publiques, dont le nombre augmentant chaque jour, trouble tant de menages honnêtes, & contre les tripots de jeux que tiennent ses courtisannes, lesquels jeux occasionnent, chaque jour, la ruine de beaucoup de citoyens & la mort de plusieurs.

L'avocat *Séguier* persécute les philosophes, Lecteur, parce qu'il en est méprisé & qu'il craint leurs historiens. Il protége au contraire les catins qu'il aime, & avec lesquelles il vit

& les lieux de débauches qu'il a toujours fréquentés.

Un énigme encore plus inexplicable que l'Avocat *Séguier*, c'est le *Parlement* au sujet de ces mêmes jeux, c'est le silence de ce fameux *Corps* qui s'est fait le conservateur, l'exécuteur & le vengeur des loix.

Ce *Parlement* n'a jamais fait du bruit que contre ce qui blesse sa vanité, ou ce qui combat les chimeres de cette vanité; & c'est pour quelques-unes de ces chimeres que, sur la fin du regne de *Louis* XV, il se fit persécuter & exiler, & que toute la France fut agitée & troublée.

Ce *Parlement* ne montre du zele que pour arrêter le progrès des lumieres, & pour persécuter ceux qui les répandent.

Autrefois, il fit proscrire l'Imprimerie, & fit *empoisonner* comme *sorciers* les premiers facteurs de cet art respectable. — Il interdit l'usage des pommes de terre, de cet aliment que nous répandons, aujourd'hui, comme un des plus grands dons que Dieu ait fait à la terre pour la conservation de l'espece humaine. — Il proscrivit l'émétique, cette drogue si utile pour prévenir ou pour dissiper des maladies dangereuses. — Dans d'autres tems, il pro-

fcrivit la faignée & la circulation du fang. —
Il prononça peine de mort contre tout homme
éclairé qui oferoit contredire *Ariftote* ou les
fupports de l'Univerfité. — Tout le monde
fait que, dans la mauvaife humeur, & fous
des prétextes qui ne font que ceux de l'ignorance, il a contre-carré l'établiffement de la
petite pofte, reconnue fi utile pour le public,
fur-tout pour les galans & leurs maîtreffes; &
que, par des chicanes qu'il a excitées, il a re-
tardé les progrès de l'inoculation en France : en
un mot, ce *Parlement* n'eft pas inftruit, & ne
veut pas qu'on l'inftruife. Sur cent foixante
& douze membres qui le compofent, on y
compte cent foixante & dix *butors*, qui ont
fait leur *licence* à la faculté de *Montmartre*
avec les porteurs de plâtre, *les oifeaux d'Ar-
cadie.*

J'avoue pourtant, & je dois l'avouer, que
ce *Parlement* éleva, il y a deux ans, la voix
contre les tripots. Les excès de ces tripots
fembloient être à leur comble. Chaque jour,
on ne parloit que des gens ruinés au jeu, de
gens qui s'étoient noyés, affaffinés ou battus
en duel, à la fuite du jeu. On crioit beaucoup, fur-tout, contre la *Belle*.

Les jeux Publics furent dénoncés à l'affem-

blée des Chambres. Le Lieutenant de Police, *le Noir*, mandé, répondit : *que tout Paris regorgeoit de vérole & de vérolés* ; (il ne parla pas des chaude-pisses, chancres & poulains.) — il ajouta : " Que le Gouvernement ne lui as-
„ signant point de fonds pour arrêter cette
„ diable de maladie, qui, dans ses progrès ra-
„ pides, menaçoit de dépeupler la Capitale
„ & les Provinces, il employoit sagement le
„ produit de ces jeux pour la guérison des in-
„ fectés ; qu'en remedes & en Chirurgies, il
„ en coûtoit un millon cent-quarante-deux
„ livres-trois sols, toutes les six mois, pour
„ Paris *seulement*. "

L'avis de M. le Premier-Président, Messire *d'Aligre*, fut de remercier M. le Lieutenant-Générale de Police, Messire *le Noir*, & de s'en rapporter à sa sagesse. Le grand nombre des Magistrats, qui a besoin du premier Président, & encore plus du Lieutenant de Police, dans ses *parties fines*, fut de l'avis du Dictateur.

Pourtant, la fureur des jeux alloit en croissant. Les suicides se multiplioient, la Seine regorgeoit de cadavres, & le cri des honnêtes gens redoubloit.

La seconde Chambres des Enquêtes força son Président à désavoüer les jeux de hazard : mais avant de faire cette dénonciation, celui-ci crût devoir en conférer avec le Premier-Préfident, qui, dans le public, paffoit toujours pour protéger la putain *La Cour*, & même pour des fonds dans différentes banques de joueurs.

Le Premier - Préfident, un peu déconcerté, confeffa qu'il ne prenoit aucun intérêt ni à Madame *La Cbur* ni à fes jeux, & qu'il étoit le maître de faire ce qu'il croyoit convenable.

Les chambres furent affemblées; les jeux de hazard furent dénoncés folemnellement profcrits, & notamment le jeu de la *Belle*. L'arrêt fut publié & affiché dans tout Paris: il fut enjoint à M. *Le Noir* de veiller à l'exécution de cet arrêt: mais le Lieutenant de Police & le Miniftre *Amelot* rioient entr'eux de la mauvaife humeur du Parlement.

Ils fupprimerent à la vérité cette *Belle* dont on fe plaignoit fi fort dans le public; mais tous les autres jeux de hazard, le *Pharaon*, le *Brelan*, le *Beribi*, le *Quinze*, le *Vingt-un*, le *Trente* & *Quarante* eurent plus de vogue que jamais.

La police profita plus que jamais, feulement de cette occafion, pour retirer les permiffions de jouer, qu'avoient quelques courtifannes dont on n'étoit pas content ou qui n'avoient plus de protecteurs pour les donner à d'autres qui ne valoient pas mieux, pour mettre des pensions, soit sur les différens jeux, soit sur les banquiers, en faveur d'une centaine de petits protégés, soit de M. *Amelot*, soit de M. de *Sartine*, soit de M. ou de Mad. de *Maurepas*.

L'abomination, Lecteur, est encore au milieu de Paris; on s'y ruine avec plus d'acharnement que jamais, & le Parlement garde le silence.

Si un Janséniste de ce corps, disoit dans une assemblée de Chambres : „ Qu'il y avoit dans
„ Paris un Philosophe qui, dans ses goguet-
„ tes, rioit des tuteurs de nos rois & des plain-
„ tes de la nation ; dans l'instant on entendroit
„ vingt fanatiques crier : Quel est ce Philoso-
„ phe ? Où est cet ennemi du trône & du roi,
„ cet ennemi de Dieu & des Magistrats ? Qu'on
„ le décrete vîte : il faut étouffer un pareil
„ monstre. Si on lui permet d'exister, ce sera
„ un mauvais exemple, & l'Etat sera bientôt
„ bouleversé. La liberté de se ruiner à des
„ jeux de hazard, qu'on nous reproche d'au-
„ toriser, ne peut nuire qu'à la fortune de
„ quelques citoyens ; mais la liberté de penser
„ & d'écrire nuit, à leur salut, ce qui dans un
„ Gouvernement (plein d'inconséquences com-

„ me celui des François) est bien plus terrible
„ & plus dangereux......"

Si je vous disois (le croiriez-vous, Lecteur !
qu'un intriguant, & l'espece n'en est pas rare,
qui a sçu se procurer la connoissance d'une femme qui a une jolie fille, (cela n'est pas difficile à trouver à Paris) croiriez-vous que la fortune de ce drôle est faite?... & voici comme il s'y prend.

Il présente l'une & l'autre à Maître *Gombaud*, & celui-ci à son Maître *Amelot*. Tous deux ont un entretien particulier avec la fille & la mere; ils leur offrent tous deux leur protection, & c'est un grand point que la protection de ces hommes-là.

Au sortir de cette audience, on les mene au Lieutenant de police : elles en sont très-bien reçues : ce subalterne Ministre a à son tour une conversation particuliere avec la fille & la mere; & si la fille surtout est bien fraîche & bien jolie, on a sur le champ l'agrément d'un *Pharaon* ou d'un *Beribi*.

Mon drôle couche ensuite avec la fille ou la mere, si ça l'amuse; & en exige cent & deux cents *Louis* par mois. Il tient la banque chez ces femmes. Le produit de cette banque pour les revenans bons de la police & de ses infâmes sup-

suppots, ne va gueres moins qu'à près de soixante mille francs par an. On laisse au tripoteur un intérêt très-honnête qui, chaque année, tous frais de police prélevés, lui vaut au moins dix mille écus de revenu.

Vous conviendrez, lecteur, qu'une place de Fermier-Général ne vaut pas davantage aujourd'hui, & je doute, moi, qu'en Auvergne, dans le Limousin & bien d'autres provinces, il y ait beaucoup de domaines dont la ferme produise autant que la banque d'un *Pharaon*.

Que de réflexions morales & politiques se présentent naturellement à faire ici sur la vie de Paris, sur les jeux de hazard, & sur les occasions où, chaque jour, ils mettent l'honnête homme dans le cas de se ruiner & de se perdre !

N'a gueres plus de huit jours, je me transportai chez un de mes amis : je le trouvai au lit accablé d'une fievre brûlante. Il avoit perdu tout son argent en pariant pour la Reine ; & n'ayant pas conservé de quoi pour coucher à Marly, ou pour revenir en pot-de-chambre, il s'étoit mis en route à pied, avoit essuyé la pluye, l'orage & le froid, & ne s'étoit traîné à Paris dans la nuit, la plus obscure, qu'après avoir fait cent chûtes le long du chemin.

Le compagnon de voyage de mon ami, n'avoit pas été plus heureux, & n'avoit pas voulu survivre à son malheur. Ils étoient revenus ensemble jusqu'à Neuilli ; là, l'infortuné, vaincu par son désespoir, s'étoit jetté de dessus le pont dans la Seine.

Combien dans Paris ne voit-on pas, chaque jour, de gens ruinés aux tripots, tantôt se couper la gorge avec un couteau, tantôt se passer leur épée à travers le corps, & le plus souvent se précipiter dans la riviere ? Et le Parlement garde un silence criminel sur ces jeux & sur les suicides qui journellement en sont la suite !

Que de choses n'aurions-nous pas à ajouter à cette histoire des tripots, Lecteur ; que de portraits n'aurions-nous pas encore à attacher à ceux que nous n'avons que foiblement esquissés, des tripoteurs & des tripoteuses de la Capitale, si les uns ne nous paroissoient dégoûtans ; & les autres d'une touche trop vigoureuse ? Que n'aurions-nous pas à dire, par exemple, d'un Duc de *Duras*, qui, après avoir escroqué un million, est allé, escorté du Juif d'*Albuget*, dit *Belarise*, & d'un tas de frippons, ouvrir à Bordeaux une maison de débauche ; d'un *Maramisse* qui fut apprendre l'ort de voler au jeu, en Pologne, & dans les Cours du Nord, & qui en fut chassé; d'un Duc de *Mazarin*, qui s'est rendu fameux par sa crapule & son avilissement ; & qui, renonçant à son nom de famille, à l'illustre nom de d'*Aumont*, en a pris un qui est odieux à la France, & qui seul renferme une injure, le nom de *Mazarin* ; d'un Marquis de *Fleury*, qui, ainsi que les *Duras* & les *Mazarin*, est fils d'un premier Gentilhomme de la Chambre, & s'est enfui, emportant quinze cent mille livres à des malheureux, aux demandes desquels le pere a répondu d'un air très-dévot : " Mon fils, Messieurs, ,, vous vole en ce monde, mais Dieu sera vo- ,, tre récompense dans l'autre ? " Que de choses intéressantes à dire encore, si nous voulions décrire l'histoire des *Cocancheurs*, des trois *la Calprenede*, (a) de leurs ressorts, des Inspecteurs de la Police & de leurs ressources. Mais nous l'avons déja promis & le promettons de nouveau, c'est un morceau dont nous enrichi-

---

(a) Le *la Calprenede* du Parlement, dit M. de *Maupeou*, fut surpris au bal de l'Ambassadeur de Sardaigne, ayant un ressort dans la manche de son *domino*, pour escamoter les cartes. Ses deux freres, non moins habiles, passent pour avoir volé 100 mille écus chez la *Varnier*, fameuse tripotiere, place *des Victoires* à Paris.

rons dans peu, Dieu aidant, les Annales Françoises.

Nota benè. Ce que nous avons dit est vrai : ce que nous n'avons pas dit, est encore plus vrai ; mais ce que nous n'avons pas dit, nous le dirons très-sûr : attendez-vous y.

www.ingramcontent.com/pod-product-compliance
Lightning Source LLC
Chambersburg PA
CBHW070749170426
43200CB00007B/708